Martina Walter-Krick, Martin Werth (Hg.)
„Du bist ein Gott, der mich sieht."

Martina Walter-Krick, Martin Werth (Hg.)

Du bist ein Gott, der mich sieht.

Die Jahreslosung 2023 – Ein Arbeitsbuch
mit Auslegungen und Impulsen für die Praxis

 neukirchener

Für die Bildmeditation zur Jahreslosung ist das Bild
von Inge Heinicke-Baldauf im Postkartenset erhältlich.
ISBN 978-3-7615-6881-1

Bibliografische Information der Deutschen Nationalbibliothek:
Die Deutsche Nationalbibliothek verzeichnet diese Publikation
in der Deutschen Nationalbibliografie; detaillierte bibliografische
Daten sind im Internet über http://dnb.d-nb.de abrufbar.

© 2022 Neukirchener Verlagsgesellschaft mbH, Neukirchen-Vluyn
Alle Rechte vorbehalten
Umschlaggestaltung: Grafikbüro Sonnhüter, www.sonnhueter.com,
unter Verwendung eines Bildes von © Inge Heinicke-Baldauf
Lektorat: Hauke Burgarth, Pohlheim
DTP: Breklumer Print-Service, www.breklumer-print-service.com
Verwendete Schriften: Dante MT, Scala Sans
Gesamtherstellung: GGP Media GmbH, Pößneck
Printed in Germany
ISBN 978-3-7615-6880-4

www.neukirchener-verlage.de

Inhalt

VORWORT

„Du bist ein Gott, der mich sieht."

Die Jahreslosung 2023 ist eine schlichte Aussage, aber sie ist nicht einfach so dahingesagt. Vermutlich erahnen wir schon beim Lesen dieser wenigen Worte die positive Überraschung, die in diesem Satz steckt. Der große Gott, der mir oft so entfernt vorkommt, sieht tatsächlich mich eher kleinen Menschen!

Vielleicht verursacht diese Aussage bei manchen auch Angst oder Sorge. Wenn Gott mich tatsächlich sieht, dann ist ja nichts mehr verborgen ... Möchte ich wie ein offenes Buch vor Gott sein?

Wenn wir die Geschichte von Hagar lesen, dann merken wir, wie sehr dieses Bibelwort unserer Grundsehnsucht entspricht, wahrgenommen zu werden. Ich möchte gesehen und nicht ständig übersehen werden. Ich möchte gelten dürfen, ich möchte ernstgenommen sein, ich möchte gesehen und angesehen werden.

Das tut Gott bei Hagar und sie nimmt es dankbar und staunend wahr.

Die Verheißung der Jahreslosung sagt: Der Gott, der Hagar auf ihrer Flucht sah, sieht auch Sie. Wie er Hagar

9

eine Zusage gab und damit ihrem Leben eine neue Perspektive, so will er auch Ihnen in Freundlichkeit begegnen und Ihr Leben bereichern.

Das vorliegende Buch zur Jahreslosung ist ein Arbeitsbuch, es ist ein Lesebuch, und es ist ein Zeugnisbuch.

Wir danken allen Autorinnen und Autoren, die ihre Kompetenz eingebracht haben, die uns an ihrem Wissen und ihrem Glauben Anteil geben, und besonders all denen, die uns von ihren ganz persönlichen Erfahrungen des Sehens und Gesehenwerdens berichten.

Dieses Buch kann allein gelesen werden. Noch schöner ist es, wenn es zu zweit, zu dritt oder in Gruppen gelesen wird und wenn wir als Leser unsere eigenen Glaubens- und Lebenserfahrungen neben die Beiträge des Buches legen.

Ausdrücklich danken wir dem Verlag und dem Lektor, Herrn Hauke Burgarth, für die vertrauensvolle und kompetente Betreuung des Buches.

Wir wünschen uns, dass die Jahreslosung 2023 für viele eine Ermutigung wird, die Gegenwart Gottes und seinen liebevollen Blick auf uns neu wahrzunehmen.

Martina Walter-Krick   Dr. Martin Werth

Du bist ein Gott, der mich sieht.

EXEGETISCHE UND THEOLOGISCHE BEOBACHTUNGEN ZUR JAHRESLOSUNG

Martin Werth

„Du bist ein Gott, der mich sieht." (1. Mose 16,13)
Die Jahreslosung für das Jahr 2023 ist ausgesprochen kurz. In der hebräischen Bibel sind es genau drei Wörter. „Du – Gott – ersehendmich[1]". Es ist sicherlich möglich, zur Jahreslosung in dieser kurzen Abgrenzung eine Auslegung, Andacht oder Predigt zu halten, zumal die inhaltlichen Aspekte („mit Gott per Du", „gesehen werden") tiefe persönliche Erfahrungen bzw. Sehnsüchte ansprechen. In den Praxisentwürfen dieses Buches finden Sie dazu viele Hinweise.

Wenn Sie also zur Jahreslosung eine Andacht oder eine gottesdienstliche Predigt erleben oder selbst gestalten werden, so wird häufig „nur" der Einzelvers, die Jahreslosung selbst, zugrunde liegen. Wenn Sie aber zum Beispiel in einem Haus- oder Bibelkreis miteinander die Bibel aufschlagen, dann lohnt es sich, die gesamte Dramatik wahrzunehmen, von der im ersten Buch der Bibel berichtet wird und wovon unsere Jahreslosung nur ein Teil ist.

---

1   Im Hebräischen handelt es sich um einen Nominalsatz ohne finites Verb. Außerdem ist an das „Sehen" eine Personalendung angehängt. Daher genügen dem hebräischen Text drei Worte.

Ich beginne im Folgenden zunächst mit dem weiteren Kontext, bevor ich in der Mitte auf unseren Vers zu sprechen komme und gegen Ende noch einige grundsätzliche biblische Beobachtungen anschließe.

1. Die Erwählung Israels und die Urgeschichte

In der Auslegung des ersten Buches der Bibel ist es seit Langem üblich, zwischen der sogenannten „Urgeschichte" (1Mo 1–11) und den Vätererzählungen (1Mo 12–50)[2] zu unterscheiden.

Theologisch beginnt die eigentliche Geschichte Israels mit der Berufung Abrahams in 1Mose 12,1 ff. Allerdings gibt es wichtige Bezüge zwischen der Urgeschichte und den Abrahamserzählungen.

Die Urgeschichte beginnt mit zwei Schöpfungsberichten. Der erste und jüngere Bericht ist eher theozentrisch-kosmologisch akzentuiert (1Mo 1,1–2,4a). Der zweite, ältere Bericht (1Mo 2,4b ff.) ist eher anthropozentrisch ausgerichtet und bildet wohl von Beginn an eine Einheit mit den nachfolgenden Erzählungen vom Sündenfall (1Mo 3) und vom Brudermord (1Mo 4). Nach einigen Stammbäumen (1Mo 4,17–5,32) begegnen in Gen 6–9 die Erzäh-

---

2   Bei den Erzählungen der Erzeltern Israels ist es sinnvoll, zusätzlich zwischen den Erzählungen zu Abraham, Isaak und Jakob (1Mo 12–36) einerseits und der Josefserzählung (1Mo 37–45 / 50) andererseits zu differenzieren. Die Josefserzählung stellt eine geschlossene Erzählung dar, die an weisheitliche Literatur erinnert und die die Brücke zwischen den „Vätern" und der Sklaverei in Ägypten schließt.

lungen von der Urflut und vom Bund Gottes mit Noah. In 1Mose 10 und 11,10–32 finden sich weitere Stammbäume, die von den Söhnen Noahs ausgehend die Brücke zu Abram und Sarai schlagen, die in 1Mose 11,17.29–31 namentlich genannt werden. Zwischen diesen letzten Stammbäumen der Urgeschichte steht die Erzählung vom Turmbau zu Babel (1Mo 11,1–9).

Man kann die Urgeschichte als eine Geschichte der stetigen Abkehr der Menschheit von ihrem Schöpfer lesen: Sündenfall, Brudermord, die Maßlosigkeit Lamechs, die Bosheit aller Menschen, die zur Sintflut führt, die Allmachtsfantasien der Menschheit, die ihr Symbol im Turmbau finden: Jeweils greift Gott strafend und zugleich auf gnädige Weise bewahrend ein.

- Adam und Eva werden des Paradieses verwiesen – aber sie dürfen leben.
- Kain trifft der Fluch Gottes – aber er erhält das Kainsmal, das sein Leben schützt.[3]
- Der Befund über das Wesen der Menschheit ist nach der Urflut derselbe wie vorher – aber Gott garantiert im Noahbund den Bestand der Menschheit.
- Was ist mit dem Turmbau?
  Sind die Sprachverwirrung und die Zerstreuung der

---

3 Das „gnädige" Handeln Gottes gegenüber Kain ist nicht nur in alttestamentlicher Zeit, sondern auch nach heutigem Rechtsempfinden überraschend. Der Brudermörder darf leben und sein Leben wird gegenüber Dritten unter den Schutz Gottes gestellt. Im Unterricht weise ich gelegentlich darauf hin, dass ihn für seine Tat (Mord mit Vorsatz und Heimtücke) heute mindestens eine langjährige Haftstrafe, in Texas wohl die Todesstrafe erwarten würde. Gottes gnädiges Begleiten gilt auch den Mördern!

Menschheit nur Strafe? Es gab und gibt die These, allein die Turmbaugeschichte würde gnadenlos enden.

Die Antwort auf diese Frage zur Turmbaugeschichte liegt in der Erwählung Abrahams. Die Menschheit, die in 1Mose 11 zerstreut wird, bleibt in der Erwählung Abrahams im Blick: *„In dir sollen gesegnet werden alle Geschlechter auf Erden."* (1Mo 12,3) Das offene Ende der Urgeschichte wird unmittelbar anschließend in der Berufung Abrahams wieder aufgenommen.

Die jüdische Auslegung des ersten Buches der Bibel hat schon früh eine interessante Beobachtung gemacht. In 1Mose 1–11 begegnet fünfmal das Wort Fluch/fluchen (3,14; 3,17; 4,11; 5,29; 9.25). In der Berufung Abrahams begegnet in 1Mose 12,2+3 fünfmal das Wort Segen/segnen. Manche sehen darin einen Zufall. Man darf aber auch sagen: Der fünffache Segen in Gen 12,2 f. ist die Antwort auf den fünffachen Fluch in der Urgeschichte. Die Urgeschichte und die Erzählungen zu den Müttern und Vätern Israels sind miteinander verwoben.

2. Die Mütter Israels

In einer stark von Männern dominierten Auslegung der Bibel standen in der Betrachtung der Genesis die „Väter" Israels im Mittelpunkt. Mittlerweile gibt es die Tendenz, statt nur von Erz- oder Stammvätern zu sprechen, in gleicher Weise auch von den Erzmüttern oder zusammengefasst von den Erzeltern zu reden. Ohne Sara, Rebekka, Lea, Rahel, Silpa und Bilha gäbe es Isaak und Jakob nicht und also auch keine zwölf Väter der Stämme Israels. Diese Frauen sind mitgelaufen, aber sie waren keine Mitläuferinnen. Sie waren eigenständige Persönlichkeiten, die immer wieder die Initiative ergriffen und ihre Interessen wahrten. Sara macht sich mit Abraham auf die Reise, zunächst noch mit ihrem Schwiegervater aus Ur nach Haran (1Mo 11,31), dann mit ihrem Mann von Haran ins Gelobte Land (1Mo 12,4 f.). In der Not ihrer Kinderlosigkeit unternimmt sie den Versuch mit der Leihmutterschaft durch Hagar.[4] Als sie sich nach der Geburt Ismaels zurückgesetzt fühlt, kämpft sie um ihre Ehe und ihre Position.

Rebekka ist offenkundig die von Gott auserwählte Frau Isaaks (1Mo 24,14–27). Ihr Kennzeichen ist ihre furchtlose Gastfreundschaft gegenüber dem ihr fremden Boten Abrahams. Menschlich gesehen verdankt es Jakob ihrer (eher dreisten) Initiative, dass er den väterlichen Segen von Isaak erhält (1Mo 27). Sie scheut um ihres Lieblingssohnes willen auch nicht den Betrug an ihrem greisen Ehemann.

Die Schwestern Rahel und Lea ringen miteinander um ihre Stellung in der Familie und nutzen dabei auch die Dienste ihrer Mägde Silpa und Bilha. Sie scheuen sich auch nicht, darüber zu verhandeln, bei welcher von ihnen Jakob schlafen soll (1Mo 30,14–16). Später unterstützen sie Jakob bei seiner Flucht vor ihrem Vater (1Mo 31).

Hagar, eine Sklavin aus Ägypten (!), nimmt in der Reihe dieser Mütter eine Sonderrolle ein. Was zwei Generatio-

---

4   Das Modell der Leihmutterschaft, die in biblischer Zeit nicht durch künstliche Befruchtung erfolgte, scheint für die hebräische Bibel kein ethisches Problem darzustellen. Immerhin wurden vier der zwölf Söhne Jakobs auf diese Weise gezeugt (Dan, Naftali, Gad und Asser, 1Mo 30,3–13).

nen später bei Bilha und Silpa offenkundig funktioniert, scheitert bei ihr. Der erstgeborene Sohn Abrahams, den sie zur Welt bringt, ist nicht der Sohn der Verheißung. Ihre Beziehung zu Sara ist nachhaltig gestört, ihr Leben und das des Kindes sind gefährdet. Aber wenn ihr Sohn Ismael auch nicht der Sohn der Verheißung ist, so ist er doch kein Sohn ohne Verheißung (siehe unten).

3. Abraham – Held und Versager

Abraham ist der Stammvater Israels und der Vater des Glaubens schlechthin. In der paulinischen Argumentation der Glaubensgerechtigkeit (Röm 4; Gal 3) nimmt er die zentrale Rolle ein. Man kann in ihm einen Glaubenshelden sehen.

- Auf Gottes Wort hin verließ er seine Heimat und machte sich auf den Weg in ein unbekanntes Land (1Mo 12).
- In der Gewissheit der Zusage Gottes konnte er seinem Neffen großzügig den Vortritt überlassen (1Mo 13).
- Obwohl menschlich kaum etwas für eigene Nachkommenschaft sprach, *„glaubte er dem Herrn, und das rechnete er ihm zur Gerechtigkeit"* (1Mo 15,6).
- Mutig handelte er mit Gott zugunsten von Sodom und Gomorra. Auch für die Sünder ergriff Abraham Partei (1Mo 18).
- Schließlich war er sogar bereit, Gott seinen Sohn zurückzugeben, was er dann doch nicht tun musste (1Mo 22).

Aber der Glaubensheld ist auch ein Zweifler und Versager.

- Zweimal gab er Sara als seine Schwester aus aus Furcht um seine eigene Gesundheit. Dadurch gefährdete er die Verheißung, die Sara und ihm galt (1Mo 12; 20).[5]
- Im Konflikt zwischen Sara und Hagar spielte er keine vorbildliche Rolle. Zunächst ließ er sich auf die Leihmutteridee ein. Als Sara schließlich gegen Hagar und Ismael vorging, konnte oder wollte er nichts für seinen Erstgeborenen und dessen Mutter tun (1Mo 16,5 f.; 21,11 f.).

4. Das Drama um Hagar und Ismael

Das Drama um Hagar und Ismael vollzieht sich in zwei Akten, von denen in Gen 16 und 21 berichtet wird. Unsere Jahreslosung entstammt dem ersten Bericht. Es ist allerdings lohnend, auch den zweiten Bericht zusätzlich wahrzunehmen.

a) 1Mose 16,1–16
Die sechzehn Verse des Textes lassen sich gut gliedern:

1–6: Die unmittelbare Vorgeschichte
Erneut wird die Kinderlosigkeit Saras benannt (vgl. 11,30). Da Sara (nach zehn Jahren im Gelobten Land!) nicht mehr davon ausgehen kann, noch Kinder zu bekommen (vgl.

---

5   Diese Art Erzählung nennt man auch „Gefährdung der Ahnfrau". Sie begegnet ein drittes Mal in 1Mo 26 mit Isaak und Rebekka. Es ist gut möglich, dass hier eine Doppelüberlieferung vorliegt, zumal die Geschichte isoliert betrachtet eher zu einem jungen Ehepaar als zu Menschen im Greisenalter passt.

18,11 f.), sucht sie nach einem Ausweg, den sie in ihrer Sklavin[6] Hagar entdeckt. Moralische Bedenken sind unangebracht. Was Sara Abraham vorschlägt, scheint im zeitgeschichtlichen Umfeld rechtlich einwandfrei zu sein. Indem Sara ihre Sklavin Abraham als Nebenfrau zuführt, ermöglicht sie es Abraham, ein Kind zu zeugen.

Genauso geschieht es. Hagar wird schwanger. In anderen Erzählungen werden die neun Monate der Schwangerschaft übersprungen („Sie wurde schwanger und gebar einen Sohn"). Hier ist es anders: Hagar wird schwanger und achtet ihre Herrin gering.

Es ist müßig zu spekulieren, wie sich diese Geringschätzung zeigte. Der Bibeltext ist zurückhaltend. Vermutlich verweigert Hagar Sara den Respekt. Durch die anstehende Geburt hofft sie wohl, mit Sara gleich- oder an ihr vorbeiziehen zu können.

Dagegen geht Sara vor. Jetzt, da Hagar die Nebenfrau Abrahams ist, kann nur er die Rangfolge klären und Abraham stellt sich auf Saras Seite: *„Siehe, deine Magd ist unter deiner Gewalt; tu mit ihr, wie dir's gefällt. Als nun Sarai sie demütigen wollte, floh sie von ihr."* Auch hier wissen wir nicht, wie das „Demütigen" aussieht, ob es psychischer oder physischer Natur ist oder beides. Ganz offenkundig ist es aber für Hagar so bedrückend, dass sie die gefährliche Flucht in die Wüste wagt.

---

6   Die Übersetzung mit „Magd" wirkt euphemistisch. Der hebräische Begriff bezeichnet den niedrigsten Rang weiblicher abhängiger Personen.

Zum ersten Mal begegnet in der Bibel ein Bote Gottes. Die klassische Übersetzung „Engel" verdanken wir der griechischen Sprache, die das hebräische *mal'ak* stets mit *angelos* (αγγελος) übersetzt hat. Beides bedeutet schlicht: Bote. Ob dieser Bote wie die Propheten als Mensch begegnet, wird nicht geklärt. Wichtig ist allein, dass es ein Bote des Herrn ist. Der Bote findet Hagar. Er hat sie also gesucht. Er weiß, wer sie ist, und spricht sie mit Namen an. Hagar antwortet wahrheitsgemäß. Sie versucht nicht auszuweichen. Drei Botschaften hat der Bote für Hagar, die jeweils mit einer Einleitungsformel unterstrichen werden.

a) Hagar soll wieder zu Sara zurückkehren, vermutlich damit auch ihr Kind das „offizielle" Kind Abrahams sei.

b) Hagar bekommt eine Mehrungszusage genauso wie zuvor Abraham. Dass eine Frau, eine Ausländerin, eine geflohene Sklavin diese Zusage erhält, ist bemerkenswert. Die Zusage erfüllt sich. In 1Mo 25,12–18 werden zwölf Söhne (!) Ismaels genannt, deren Siedlungsgebiet östlich von Ägypten in Richtung Assyrien lag.

c) Sie erhält die Zusage, einen Sohn zu gebären, und sie soll ihm den Namen Ismael geben, das heißt: *Gott/El erhöre* (oder erhörte). Entsprechend sagt der Bote: *„denn der Herr hat dein Elend erhört"* (16,11).

Vers 12 ist in seiner Deutung umstritten. Klar ist die „wilde", also vermutlich nomadische Lebensweise, die Ismaels Leben ausmachen wird. Die in der Lutherbibel anschließend angedeutete wechselseitige Aggressivität (*„seine Hand wider jedermann, jedermanns Hand wider ihn"*) ist nicht eindeutig. Horst Seebass übersetzt in seinem Kommentar: *„Seine Hand an allen/die Hand aller an ihm."* Er erwägt, dass damit auch die Handelsbeziehungen zwischen Beduinen und sesshaften Gruppen zum Ausdruck gebracht werden, die für beide Seiten wichtig, aber nicht immer einfach waren.

13 f.: Lobpreis Hagars/Zentrum des Textes

Auf die dreifache Anrede des Boten reagiert Hagar mit einem staunenden Lobpreis und Bekenntnis, in dem unsere Jahreslosung enthalten ist (siehe die Punkte 5 und 6). In Vers 14 wird mit dem *„Brunnen des Lebendigen, der mich sieht"* ein Kultort bezeichnet, der an die Begegnung des Boten des Herrn mit Hagar erinnert.

15 f.: Schlussverse

Die Abschlussverse vermelden sehr sachlich den Vollzug. Der Sohn wird geboren, Abraham ist 86 Jahre alt. Alle Details und alle Emotionalität fehlen. Wie es Hagar erging, was Sara tat, als Hagar zurückkam, wie sich Abraham den Frauen und dem Neugeborenen gegenüber verhielt, interessiert hier nicht mehr. Es geht dem Bibeltext zentral um die Begegnung des Boten des Herrn mit Hagar und um ihr lobendes Bekenntnis. Die weitere Dramatik liefert allerdings 1Mose 21.

b) 1Mose 21,8–21

Da der nächste Akt der Hagarerzählung erst fünf Kapitel später begegnet, wird er leicht übersehen. Es scheint auch so, dass die Wahrnehmung dieses Bibeltextes für die Auslegung unserer Jahreslosung nicht zwingend ist, dennoch soll auch dieser Abschnitt der Hagar-Ismael-Erzählung hier erwähnt werden.

Gemäß der Zusage Gottes (1Mo 18,10–14) wird Sara schwanger und Isaak wird geboren. Abraham ist 100 Jahre alt, also sind 14 Jahre seit der Geburt Ismaels vergangen. Als Isaak entwöhnt ist[7], meldet sich erneut der Konkurrenzgedanke in Sara. Sie fürchtet, dass ihr Sohn in späteren Erbauseinandersetzungen mit Ismael benachteiligt werden *könnte. Abraham kann mit dem Druck, den Sara auf ihn ausübt*, kaum umgehen. Erst ein Wort Gottes veranlasst ihn, Sara nachzugeben. Gott gibt Sara recht, *„denn nur nach Isaak soll dein Geschlecht benannt werden"* (21,12). Auch die Zusage, die der Bote des Herrn für Hagar / Ismael hatte, wird bekräftigt: *„Aber auch den Sohn der Magd will ich zu einem Volk machen, weil er dein Sohn ist"* (21,13). Mit ein wenig Basisverpflegung wird Hagar in die Wüste geschickt, wo sie umherirrt. Als das Wasser verbraucht ist, legt sie das Kind in ihrer Verzweiflung unter einen Strauch und entfernt sich, weil sie das Sterben des Kindes nicht mit ansehen kann.

Es ist gut möglich, dass der Bericht aus Gen 21 in der mündlichen Fassung enger mit der Erzählung aus Gen 16 verbunden war. Vielleicht handelt es sich auch um eine Doppelüberlieferung durch einen anderen Erzähler, der von der Verheißung für Hagar / Ismael wusste, dem aber

---

7   Das ist eine eher unpräzise Zeitangabe. Man kann aber davon ausgehen, dass in alttestamentlicher Zeit bis zu drei Jahre gestillt wurde, was vor allem praktische Gründe hat. Es gab kaum Gelegenheit, Babynahrung herzustellen, Muttermilch ist praktisch und nahrhaft. Bis das Kind durchgehend die Nahrung der Eltern essen konnte, wurde daher gestillt.

andere Details vermittelt wurden. In 1Mose 21 ist offensichtlich, dass es die Geschichte einer Mutter und ihres Säuglings ist. Abraham legt ihn Hagar in den Arm. Hagar legt das verdurstende Kind unter einen Strauch. Nach den Angaben des jeweiligen Lebensalters Abrahams wäre Ismael in 1Mose 21 aber bereits 14 (oder nach Entwöhnung Isaaks ggf. bereits 17) Jahre alt. Ein Junge in diesem Alter hätte in biblischer Zeit eher seine Mutter verteidigt, als dass sie ihn hätte beschützen müssen.

Gott hört den Knaben und der Bote Elohims spricht Hagar an und bestätigt die Lebens- und Volkszusage für Ismael. Durch die Führung Gottes findet Hagar einen Brunnen. Eine Rückkehr zu Abraham ist nicht mehr nötig. Ismael wächst heran, wird selbstständig, heiratet und wohnt in der Wüste Paran.

5. Der enge Kern der Jahreslosung

Wie oben gesagt, besteht die eigentliche Jahreslosung in der hebräischen Bibel lediglich aus drei Worten. Die wollen wir uns jetzt näher anschauen. Ein Vergleich der verschiedenen Übersetzungen ist auch hier interessant, wenngleich aufgrund der Kürze des Satzes nicht so ergiebig wie bei anderen Bibelversen. Ich stelle hier nur wenige Varianten vor:

„Du bist ein Gott, der mich sieht." (Luther 2017; Elberfelder Bibel)
„Du bist der Gott, der mich sieht." (Hoffnung für alle)
„Du bist der Gott, der mich anschaut." (Gute Nachricht)

„Du bist der Gott des Schauens!" (Neue evangelistische Über-
setzung; Menge)
„Du Gott der Sicht!" (Buber/Rosenzweig)
„Gottheit meines Sehens." (Benno Jacob)
„Du bist El-Roi." (Zürcher)
„Du bist El Roï, Gottheit des Hinschauens." (Bibel in gerechter
Sprache)

Die Zürcherbibel und die Bibel in gerechter Sprache verzichten (zunächst) auf eine Übersetzung des *El Roi*, wobei
die Bibel in gerechter Sprache eine Verdeutschung nach-
liefert.[8]

Luther und Elberfelder Bibel setzen vor Gott einen un-
bestimmten Artikel. Da aber *El* als Eigenname schon in
sich determiniert ist, ist die Übersetzung mit *„der Gott"*
ebenfalls zutreffend. Ob man das *Roi* zugrunde lie-
gende Verb *ra'ah* mit *sehen* oder *schauen* übersetzt, ist Ge-
schmackssache.

Die jüdischen Übersetzungen von Buber/Rosenzweig
bzw. Jacob verzichten konsequent auf das von den anderen Übersetzungen eingefügte Hilfsverb. Im Hebräischen
handelt es sich um einen Nominalsatz ohne Verb. Überraschend ist, dass Buber/Rosenzweig, ebenso Menge und
die Neue evangelistische Übersetzung im Unterschied zu
Jacob das Personalsuffix nicht übersetzen.

Wer ist das Subjekt des Sehens? Wer die Jahreslosung
liest, für den scheint klar, dass es nur Gott sein kann. Gott

---

8   Die Zürcherbibel kann dies problemlos tun, da der Gesamtvers verdeut-
licht, wofür das *Roi* steht.

sieht Hagar. Gott sieht uns. Das ist natürlich richtig, allerdings sprachlich nicht zwingend. Die Übersetzungen von Menge, die Neue evangelistische Übersetzung, Buber / Rosenzweig, Jacob, Zürcherbibel und die Bibel in gerechter Sprache halten diese Frage sprachlich weitgehend offen. Der Gesamtvers (siehe unten) wird zeigen, dass von einem wechselseitigen „Sehen" ausgegangen werden kann.

Das erste Wort der Jahreslosung lautet „*Du*". Dieses Personalpronomen ist im Hebräischen weitaus seltener als im Deutschen, da bei finiten Verben die jeweilige Person Bestandteil der Verbform ist und nicht separat genannt werden muss. Hier im hebräischen Nominalsatz, der auf ein finites Verb verzichtet, ist das Personalpronomen erforderlich. Vermutlich sollte man diese für deutsche Ohren vertrauliche Anrede nicht überinterpretieren. Eine wechselnde Anrede „per Sie" bzw. „per Du" gibt es im Hebräischen meines Erachtens nach nicht. Dennoch kann dies auch für die Verkündigung ein hilfreiches Detail sein. Eine Freundin berichtete mir von einem Grundschüler mit Migrationshintergrund, der ihren offenen Kindertreff besucht. Nach einer Andacht, die dort gehalten wurde, fragte er: „Ist es erlaubt, zu Gott ‚Du' zu sagen?" Ja, das ist erlaubt!

Das zweite Wort ist der Gottesname oder Gottesbegriff *El* (siehe dazu Punkt 7).

Das dritte Wort ist *Roi*, gebildet aus dem Verb *ra'ah* mit Personalsuffix. Die Grundbedeutung von *ra'ah* ist schlicht „sehen". Allerdings hat es auch in der hebräischen Sprache mehr Bedeutungsebenen als lediglich eine optische Wahrnehmung. Es steht auch für *empfinden, spüren, erfahren, erleben, erkennen, einsehen*. Diese übertragene Deutung des Se-

26

hens gilt für Gott und für Menschen. „Die Geschichte der Rettungen im AT beginnt damit, daß Jahwe das Elend der Bedrängten ‚sieht‘, bevor er eingreift. ‚Gott sieht‘ drückt aus, daß Jahwe auf die Geschehnisse eingeht – im Gegensatz zu den zum Menschen und zur Zeit beziehungslosen Götzen.“[9] *Gott = lebendig   Götzen = tot*

6. Der komplette Vers der Jahreslosung

Der gesamte Vers 1Mose 16,13 besteht aus fünf Teilsätzen:

a) *Sie rief/nannte den Namen JHWHs,*

b) *der zu ihre redete:*

c) *Du Gott (El) sehendmich (roi).* (Die Jahreslosung im Zentrum!)

d) *Denn/Ja sagte sie:*

e) *Sogar hier habe ich geschaut nach dem Sehendenmich* (erneut *roi!*).

a) und b) sind sprachlich einfach und inhaltlich weitgehend unkompliziert.[10] Auf c) bin ich oben schon eingegangen. Theologisch bedeutsam scheinen mir die abschließenden Teile d) und e).

Eine gründliche philologische Betrachtung des hebräischen Textes nehme ich nicht vor. Fachleute können dies

---

9   Dieter Vetter, ראה r'h sehen, THAT II, 696.

10   Allein Westermann (Genesis 12-36, BK I/2, 296) stört sich an dem Gottesnamen JHWH im Auftakt des Verses. Hier müsse (ha-El/der Gott) gelesen werden, weil nur das zu dem ראי אל (El Roi) passen würde. Siehe dazu unten Punkt 7.

anhand der Biblica Hebraica und mit den einschlägigen Kommentaren sicher selbst leisten. Wir behelfen uns erneut mit einem Übersetzungsvergleich, der die möglichen Alternativen gut herausstellt.

Die rund 20 Übersetzungen, die ich angeschaut habe, behalten ganz überwiegend die oben genannte Reihenfolge der fünf Satzteile bei. Allein die Hoffnung für alle und die Gute Nachricht stellen den Satz um.

- *„Da rief Hagar aus: ‚Ich bin tatsächlich dem begegnet, der mich sieht!‘ Darum nannte sie den HERRN, der mit ihr gesprochen hatte: ‚Du bist der Gott, der mich sieht.‘"* (Hoffnung für alle)
- *„Hagar rief: ‚Habe ich wirklich den gesehen, der mich anschaut?‘ Und sie gab dem Herrn, der mit ihr gesprochen hatte, den Namen ‚Du bist der Gott, der mich anschaut‘."* (Gute Nachricht)

Der Grund für die Umstellung scheint zu sein, der zentralen Aussage Hagars dadurch mehr Gewicht zu verleihen, dass er am Ende des Satzes steht. Falsch kann man das nicht nennen. Vielleicht ist für manche Leserinnen und Leser im Jahr 2023 unsere Jahreslosung bei diesen Übersetzungen sogar auffälliger und einprägsamer. Erforderlich ist diese Umstellung aber sicherlich nicht. Meines Erachtens sollten sich Übersetzungen – wo immer es sprachlich möglich ist – am Satzbau des Originals orientieren. Durch diese Umstellung könnte außerdem die eigentliche Schlusspointe des Verses aus dem Blick geraten.

Schauen wir uns die Teile d) und e) im Übersetzungsvergleich näher an. Das kurze *„Denn/Ja sagte sie"* wird von der überwiegenden Zahl der Übersetzungen sehr schlicht wiedergegeben. *„Denn sie sprach"* (Luther, Zürcher, Buber/ Rosenzweig, Jacob, von Rad). *„Denn sie sagte"* (Neues Leben, Elberfelder, Bibel in gerechter Sprache, Westermann).

Die Neukirchener Bibel schreibt nur *„Ja, gewiss!"* und lässt damit das finite Verb des Sagens aus. Sie kann aber das einleitende כי *ki* damit viel stärker akzentuieren.

Bei meinem Hebräischlehrer (Dieter Vetter, Bochum) habe ich gelernt, כי *ki* sei keineswegs nur eine einleitende Konjunktion, sondern vielmehr ein emphatischer Ausdruck mit jubelnder Intention, der statt mit dem eher belanglosen „denn" besser mit „Ja!" oder „Ja, gewiss!" zu übersetzen sei. Siehe auch unten die Anmerkungen zur Volxbibel!

Bedeutsam ist der Schlussteil des Verses. Hier begegnet zweimal das Verb *ra'ah*, „sehen". Zunächst als finites Verb der 1. Person singular (*ich habe gesehen*) und dann als Schlusswort erneut das *roi* aus der Jahreslosung. Die weiteren drei Worte sind teilweise in ihrer Bedeutung und Zuordnung unscharf.[11] Klar ist auf jeden Fall, es gibt ein zweifaches „Sehen". Hagar sieht und sie weiß sich gesehen. Oder auch: Sie sieht/erkennt, dass sie gesehen wurde. Oder auch: Weil sie gesehen wurde, kann sie selbst sehen/ erkennen/verstehen. Das bringen auch die verschiedenen Übersetzungen des Verses gut zum Ausdruck:

*   *„Gewiss hab ich hier hinter dem hergesehen, der mich angesehen hat."* (Luther 2017)

---

11   Ich gehe auf diese Problematik hier nicht weiter ein. Benno Jacob sagt schlicht: „Im übrigen ist der Satz sehr schwierig" (Benno Jacob, Das Buch Genesis, 414).

- *„Wahrlich, hier habe ich dem nachgesehen, der auf mich sieht."* (Zürcher)
- *„Ich habe den gesehen, der mich sieht!"* (Neues Leben)
- *„Hier habe ich den gesehen, der nach mir sieht."* (Basisbibel)
- *„Habe ich nicht auch hier hinter dem hergesehen, der mich angesehen hat?"* (Elberfelder Bibel)
- *„Habe ich hier nicht dem nachgesehen, der mich sieht?"* (Schlachter)
- *„Habe ich denn wirklich dem nachgeschaut, der nach mir schaute?"* (Neue evangelistische Übersetzung)
- *„Sogar bis hierher? Ich habe geschaut hinter der her, die mich anschaut."* (Bibel in gerechter Sprache)
- *„Sah auch wirklich ich hier dem Michsehenden nach?"* (Buber/Rosenzweig)
- *„Habe ich nicht hier gesehen nach meinem Sehenden?"* (Benno Jacob)
- *„Wirklich: ‚Gott' habe ich gesehen, nachdem er mich sah!"* (Claus Westermann)

[handschriftliche Randnotiz: jüdische Übersetzer]

Zu diesem zweifachen „Sehen" im Schlussteil siehe auch unten Punkt 8.

Zwei Übersetzungen fallen aus dem Rahmen. Das liegt in der Natur und Intention dieser Übersetzungen.

- *„Hagar war echt baff, dass Gott selbst mit ihr redete. Sie sprach ihn direkt an: ‚Genial! Du bist Gott, und trotzdem nimmst du mich ernst!'"* (Volxbibel)

Natürlich kann man darüber streiten, ob „echt baff" ein hilfreicher Ausdruck des Erstaunens ist. Aber ich möchte an dieser Stelle ein kleines Plädoyer für die Volxbibel halten. Je komplexer biblische Verse in unseren „normalen" Übersetzungen sind, umso hilfreicher ist die Volxbibel.

Nach meinem Eindruck ist diese Übertragung auch nicht „einfach so runtergeschrieben", sondern gut überlegt und verantwortet. Bei 1Mose 16,13 könnte man kritisieren, dass das „Sehen" keinmal genannt wird. Dadurch fällt auch die Namensnennung Gottes weg. Dafür bringt *„genial"* die Freude hervorragend auf den Punkt und *„trotzdem nimmst du mich ernst"* beinhaltet und deutet das Gesehenwerden und ist zugleich Ausdruck des Selbstsehens im Sinne von Erkennen. Mir gefällt das.

- *„Da ahnte Hagar, wer zu ihr gesprochen hatte. Stauend bekannte sie: ‚Du bist ein Gott, der mich sieht.' Und sie fügte hinzu: ‚Ja, gewiss! Er hat mich in meinem Elend gesehen. Ich durfte ihm hinterhersehen.'"* (Neukirchener Bibel. Das Alte Testament neu erzählt und kommentiert)

Die Neukirchener Bibel füllt Anfang und Ende des Verses ein wenig auf. Zunächst interpretiert sie mit der nachvollziehbaren „Ahnung" der Hagar und ihrem „staunenden Bekennen", was beides gut nachvollziehbar ist. Allerdings fehlt hier der Gottesname. Unsere Jahreslosung wird dann sehr schlicht wiedergegeben. Das „Ja, gewiss!" bringt die Freude der Entdeckung gut zum Ausdruck und das zweifache Sehen wird im Schlussteil durch das „in meinem Elend" und das „dürfen" ergänzt. Auch die sorgfältig erstellte Neukirchener Bibel hebt sich von den traditionelleren Übersetzungen ab und wirkt gerade dadurch bereichernd.

7. JHWH – El – Elohim. Verschiedene Bezeichnungen, ein Gott

Bei der Berufung des Mose in 2Mose 6,2 f. heißt es: *„Und Gott (Elohim) redete mit Mose und sprach zu ihm: Ich bin der HERR (JHWH) und bin erschienen Abraham, Isaak und Jakob als der allmächtige Gott (El schaddai), aber mit meinem Namen ‚HERR' habe ich mich ihnen nicht offenbart."* Diese beiden Verse bieten drei verschiedene Begriffe/Namen für Gott, die offenkundig eine je eigenständige Geschichte haben und doch denselben, weil einen Gott bezeichnen.

a) JHWH

Der mit 6.828 Belegen im AT dominierende Name ist JHWH. Es ist der Gottesname, den Israel nicht ausspricht. An seiner Stelle wurde und wird *ha schem* (der Name) oder *adonai* (mein Herr) gelesen. Entsprechend geben unsere Bibelsetzungen den Gottesnamen mit HERR (in Kapitälchen) wieder. Dadurch können wir erkennen, dass an der jeweiligen Stelle eigentlich ein Name steht.

Nach dem Bericht in 2Mose 3 und 6 war dieser Name Israel bis zur Berufung des Mose unbekannt. Und doch begegnet er vielfältig auch schon in der Genesis (ab 2,4b). In 1Mose 4,26 b heißt es: *„Zu der Zeit fing man an, den Namen des HERRN (JHWH) anzurufen."*

b) El

Der Name/Begriff *El* findet sich im AT 238-mal. Vermutlich gab es diesen Gottesbegriff bereits vorisraelitisch im kanaanäischen Raum. *El* ist Bestandteil etlicher Orts- und

Personennamen geworden: Bethel, Pnuel, aber auch Israel, Gabriel, Daniel.

Die Genesis kennt verschiedene (vermutlich lokale) Ausprägungen dieser Gottesbezeichnung:

- *El äljon*, der höchste Gott (1Mo 14,18–20).
- *El roi*, der Gott, der sieht (1Mo 16,13).
- *El schaddai*, der allmächtige Gott (1Mo 17,1).
- *El olam*, der ewige Gott (1Mo 21,33).

El kann auch ganz von JHWH aufgesogen und synonym verwendet werden. Das scheint außerhalb der Genesis auch überwiegend der Fall zu sein (Jes 43,12 b u. ö.). Wenn der Beter *„mein Gott"* (*Eli*) sagt (Ps 22,2), meint er natürlich JHWH.

c) Elohim

Der Gottesbegriff *Elohim* kommt ca. 2.600-mal im AT vor. Unsere Bibelausgaben übersetzen dann immer Gott/Götter. *Elohim* ist wohl als Plural zu *El* gebildet worden.

Elohim wird sowohl für den Gott Israels als auch für andere Götter gebraucht. Der Begriff ist allein ohne Kontext nicht eindeutig. Dies gilt zum Beispiel bei den Zehn Geboten (2Mo 20,2 f.): *„Ich bin JHWH, dein Elohim ... du sollst keine andere Elohim neben mir haben."*

In den allermeisten Fällen wird *Elohim* aber nicht im pluralischen Sinn verwendet, sondern bedeutet wohl eine Art Intensitäts- oder Hoheitsplural: der Gott schlechthin. *Elohim* wird dann jeweils mit einem Verb im Singular konstruiert!

Dass gerade in der Genesis die Begrifflichkeiten für Gott unterschiedlich verwendet werden, kann mit verschiedenen Quellen begründet werden. Die Spannung, dass bereits vor der Offenbarung des Gottesnamens am Sinai in den Erzählungen der Genesis unbeschwert der Gottesname *JHWH* verwendet wird, dürfte damit zusammenhängen, dass die biblischen Autoren, die ab der Königszeit bis nach dem Exil Traditionen sammelten, ergänzten und herausgaben, den Gottesnamen bereits kannten, die Identifikation zwischen *JHWH*, *El* und *Elohim* bejahten und daher kein Problem darin sahen, diese Begriffe auch schon in der Genesis einander zuzuordnen. Daher spricht auch Hagar bekennend die Einheit Gottes aus: *„Und sie nannte den Namen des HERRN (JHWH), der mit ihr redete: Du bist ein Gott, der mich sieht (El roi)."*

8. Entsprechungen zwischen Gott und Mensch in der Bibel

An verschiedenen Stellen der Bibel begegnet uns, dass ein und dasselbe Verb in einem engen Zusammenhang für eine Handlung Gottes und eine Handlung des Menschen gebraucht wird. Man kann sagen, das Handeln des Menschen entspricht dem Handeln des Menschen. In der Regel erkennen wir diese Entsprechungen. An mindestens einer Stelle benötigen wir aber eine Sehhilfe.

a) Sehen und gesehen werden
Einer der spannenden Aspekte von 1Mose 16,13 scheint mir das zweifache Sehen zu sein. Hagar nennt den Gott, der ihr begegnet, den Gott des Sehens, den *El roi*. Er hat

Hagar gesehen und sie hat den gesehen, der sie gesehen hat. Natürlich, das wurde oben schon angemerkt, ist dieses Sehen mehr als eine nur optische Wahrnehmung. Gemeint ist sicherlich ein Erkennen, ein Wahrnehmen, ein ganzheitliches Verstehen. Hagar sieht, dass sie gesehen wurde. Ich glaube, das Gesehenwerden ist eine Ursehnsucht des Menschen, vor allem derjenigen, die wie Hagar vertrieben und ausgegrenzt werden. Dass Gott sie durch seinen Boten anspricht, ist für sie der Beweis, dass sie gesehen wird, dass sie wahr- und ernst genommen wird.

b) Erkennen und erkannt sein *AT erkennen → Sexulität*
Mit dem Sehen eng verbunden ist das Erkennen.

Am Ende des neutestamentlichen Hoheliedes der Liebe schreibt Paulus: *„Jetzt erkenne ich stückweise; dann aber werde ich erkennen, gleichwie ich erkannt bin."* (1Kor 13,12 b) Schön wird deutlich, dass unser Erkennen dem Erkanntsein durch Gott folgt. Vermutlich wächst unser Erkennen nur Schritt für Schritt, aber das ist kein Problem. Entscheidend ist das vorlaufende Erkanntsein durch Gott, das unser Erkennen erst ermöglicht und unser Leben verändert. *„Wenn jemand Gott liebt, der ist von ihm erkannt."* (1Kor 8,3) Die Annahme (erkannt sein) durch Gott, wird nicht nur unser eigenes Erkennen fördern, sondern es gestaltet unser Leben um.

c) Lieben und geliebt werden
Häufiger finden wir die Entsprechung zwischen Gott und Mensch im Bereich der Liebe. Markant sagt der 1. Johannesbrief: *„Lasst uns lieben, denn er hat uns zuerst geliebt."*

(4,19), und im Epheserbrief heißt es: *„Wandelt in der Liebe, wie auch Christus uns geliebt hat."* (5,2) Jeweils wird deutlich: Die vorlaufende Liebe Gottes bzw. Christi motiviert dazu, auch zu lieben. Letztlich wird unsere Liebe durch die Liebe Gottes ermöglicht. Wer Liebe erlebt, kann lieben.

d) Segnen und loben

Beim Segnen (Loben) benötigen wir eine Sehhilfe. Sowohl im hebräischen Alten Testament als auch im griechischen Neuen Testament begegnen Wortfelder, die in nahezu keiner deutschsprachigen Bibelausgabe als Entsprechungen erkennbar sind.

Das hebräische *„brk / beraka"* (*segnen / Segen*) kommt oft so vor, dass Gott Subjekt ist und der Mensch Objekt. Das haben wir erwartet. Es kommt aber sehr oft auch so vor, dass der Mensch Subjekt und Gott Objekt ist. Gott segnen!? Das geht doch nicht, denken wir. Die deutschsprachigen Bibelausgaben übersetzen dann mit *„loben / preisen"*. Das ist sachlich nicht falsch, hat aber den deutlichen Nachteil, dass die Entsprechung des menschlichen zum göttlichen Handeln nicht mehr erkennbar ist.

Beim griechischen *eulogein / eulogetos* haben wir dasselbe Phänomen.

Auch hier wird mit Gott als Subjekt „segnen", mit Gott als Objekt „loben" übersetzt. Dadurch ist die von den biblischen Autoren bewusst gleiche Wortwahl nicht mehr erkennbar.

In Epheser 1,3 heißt es: *„Gelobt (eulogetos) sei Gott, der Vater unseres Herrn Jesus Christus, der uns gesegnet hat (eulogein) mit allem geistlichen Segen (eulogia) im Himmel durch*

Christus." Dem erfahrenen Segen durch Gott folgt die Entsprechung im gleichen Verb, das allerdings von der Übersetzung mit „gelobt" wiedergegeben wird.

In Psalm 115,12 ff. wird die Gewissheit Israels, von Gott gesegnet zu sein, durch ein fünffaches *brk (segnen)* ausgedrückt:

„JHWH hat unser gedacht; er wird segnen: segnen das Haus Israel, segnen das Haus Aaron, segnen die JHWH-Fürchtigen, die Kleinen mit den Großen. … Gesegnet seid ihr von JHWH, der Himmel und Erde gemacht hat."

Im Schlussvers Ps 115,18 folgt die Entsprechung:

„Wir aber, wir wollen Jah loben / segnen (brk) – von nun an und für immer: Hallelu-Jah!"

Gottes Aktion, sein Sehen, sein Lieben, sein Segnen ermöglicht Hagar und uns die Entsprechung im sehenden Erkennen und Bekennen, in der gelebten Liebe zu Gott und Mensch und im segnenden Lobpreis Gottes.

ERZÄHLUNGEN IM WANDEL –
DIE GESCHICHTE VON HAGAR UND ISMAEL
IM ALTEN UND NEUEN TESTAMENT UND
IM KORAN

Henning Wrogemann

Mit der zunehmenden religiösen Pluralität in Deutschland
kommen für Christinnen und Christen, Gemeinden und
Kirchen neue Fragen auf. Was zum Beispiel bedeutet es,
wenn etwa der Name bestimmter religiöser Figuren nicht
nur im Alten und Neuen Testament, sondern auch im Koran auftauchen? Bedeutet dies, dass eine besonders tragfähi-
ge oder aber breite Basis für interreligiöser Dialoge gegeben
ist? Dieser Frage soll im Folgenden am Beispiel der Erzählung von Hagar und Sara, Ismael und Isaak nachgegangen
werden. Es geht darum zu verstehen, wie eine Geschichte
mehrfach aufgegriffen wird und was sich als jeweiliges reli-
giöses Profil erkennen lässt. Dies kann allerdings aufgrund
des begrenzten Raumes nur sehr skizzenhaft geschehen.

Hagar und Sara im Alten Testament

Beginnen wir mit einem kurzen Blick auf die Geschichte
von Hagar und Sara im Alten Testament. Sie kommt im 1.
Mose 16,1–15 vor. Die Geschichte ist schnell erzählt: Sarai,
die selbst kein Kind bekommen kann, fordert Abram auf,

mit ihrer ägyptischen Magd Hagar ein Kind zu zeugen. Als die schwangere Hagar sich gegenüber Sarai überheblich zeigt und diese sich bei Abram darüber beschwert, gibt dieser Hagar in Sarais Hände (6). Als Hagar merkt, dass Sarai sie demütigen will, flieht sie und findet in der Wüste mithilfe eines Engels eine Wasserquelle. Im Gespräch mit dem Engel fordert dieser Hagar auf, zu Sarai zurückzukehren und sich ihr unterzuordnen (9). Gleichzeitig verheißt der Engel Hagar eine große Nachkommenschaft und trägt ihr auf, ihren Sohn *„Ismael"* zu nennen, *„denn der Herr hat dein Elend erhört"* (11).

Im folgenden Kapitel (1Mo 17) schließt Gott einen *„ewigen Bund"* mit Abram, den er in Abraham umbenennt. Ebenso wird Sarai zu Sara umbenannt, und ihnen wird ein Sohn verheißen, den sie Isaak nennen sollen (17,5.15–16). Mit ihm will Gott einen *„ewigen Bund"* aufrichten und ihm viele Nachkommen schenken. Demgegenüber wird Ismael nur gesegnet und es wird ihm verheißen, zum Vater von *„zwölf"* Fürsten und ihrer Völker zu werden. (17,20) Während Ismael durch eine junge Frau geboren wird (1Mo 16), ist die Geburt von Isaak durch eine Art Wunder hervorgerufen, da Abraham und Sara weit jenseits des Alters sind, um noch ein Kind bekommen zu können.

Wie wird nun diese Geschichte im Neuen Testament aufgegriffen?

Hagar und Sara in der Perspektive des Apostels Paulus

Im Neuen Testament werden Hagar und Sara lediglich einmal erwähnt, und zwar bei Paulus. Im Galaterbrief (Gal

4,21–31) bezieht sich Paulus in typologischer Weise auf diese Erzählung, indem er von Abraham sagt, dieser habe zwei Söhne gehabt, einen von einer Freien und einen von einer Sklavin, letzterer sei *„nach dem Fleisch"* gezeugt, ersterer *„nach der Verheißung"* (23). Paulus erläutert den tieferen Sinn der Erzählung, indem er feststellt:

„Diese Worte haben eine tiefere Bedeutung. Denn die beiden Frauen bedeuten zwei Bundesschlüsse: einen vom Berg Sinai, der zur Knechtschaft gebiert, das ist Hagar; denn Hagar bedeutet den Berg Sinai in Arabien und ist das Gleichnis für das jetzige Jerusalem, das mit seinen Kindern in der Knechtschaft lebt. Aber Jerusalem, das droben ist, das ist die Freie; das ist unsre Mutter. Denn wie geschrieben steht (Jes 54,1): ,Sei fröhlich, du Unfruchtbare, die du nicht gebierst! Brich in Jubel aus und jauchze, die du nicht schwanger bist. Denn die Einsame hat viel mehr Kinder, als die den Mann hat.' Ihr aber, liebe Brüder, seid wie Isaak Kinder der Verheißung. Aber wie zu jener Zeit der, der nach dem Fleisch gezeugt war, den verfolgte, der nach dem Geist gezeugt war, so geht es auch jetzt. Doch was spricht die Schrift? ,Stoß die Magd hinaus mit ihrem Sohn; denn der Sohn der Magd soll nicht erben mit dem Sohn der Freien.' (1Mo 21,10). So sind wir nun, liebe Brüder, nicht Kinder der Magd, sondern der Freien." (Gal 4,24–31)

Paulus ruft die Geschichte von Hagar und Sara in Erinnerung, um sie in allegorischer Auslegung auf ihren tieferen Sinn hin zu befragen. <u>Die Frauen stehen nach Paulus für zwei Bundesschlüsse</u>. Hagar und mit ihr Ismael stehen für den Sinai-Bund, Sara und mit ihr Isaak für den neuen Bund, <u>Hagar für das Gesetz, Sara für die Verheißung,</u> Hagar für das irdische Jerusalem, Sara für das himmlische

Jerusalem. Damit ergibt sich die Reihe: *irdisches Jerusalem – Sinai-Gesetz – Hagar – Sklaverei* gegenüber *himmlisches Jerusalem – Verheißung – Sara – Freisein*.

Jürgen Becker erläutert: „Alles Interesse ruht darauf, himmlisches Jerusalem und christliche Kirche zu verbinden. Das geschieht über den Begriff der Mutterschaft. Das am Ende der Tage erwartete himmlische Jerusalem als ewiger Aufenthaltsort der Gerechten ist die Mutter der jetzigen Gemeinde. Versteckt kommt darin zum Ausdruck, dass die jetzige Gemeinde schon endzeitlichen Charakter hat. Weil das himmlische Jerusalem jetzt schon im irdischen als christliche Gemeinde anwesend ist, ist bereits Endzeit. Damit ist diese Exegese auch für damalige Leser legitimiert: Das Alte Testament legt die Endzeit aus. Jetzt ist Endzeit."[12]

Indem Paulus das prophetische Wort aus Jesaja 54,1 („*Sei fröhlich, du Unfruchtbare ...*") auf Sara bezieht, öffnet er damit einen neuen Horizont: Die Verheißung an Sara, viele Nachkommen zu haben, wird nicht nur durch ihre irdischen Nachkommen damals in der Geschichte Israels erfüllt, sondern die Verheißung Gottes greift viel weiter. Sie ist in einem tieferen und geistlichen Sinne auch als Verheißung an die an Christus Glaubenden ergangen, als Nachkommen der an Abraham und Sara ergangenen Verheißungen. Die christliche Gemeinde ist Nachkommenschaft von Sara, der Freien, und deshalb ist sie – in und durch Jesus Christus – auch frei vom Gesetz und lebt damit in der endzeitlichen Freiheit der Kinder Gottes.

---

12 J. Becker (1990): *Der Brief an die Galater*, in: J. Becker; H. Conzelmann; G. Friedrich, *Die Briefe an die Galater, Epheser, Philipper, Kolosser, Thessalonicher und Philemon*, Göttingen, S. 57.

Paulus greift damit die Geschichte von Hagar und Sara auf, um ein theologisches Problem zu verarbeiten. Es geht um das Verhältnis von Gesetz und Evangelium. Diese Perspektive ist jedoch gegenüber der alttestamentlichen Erzählperspektive etwas Neues. Im Rahmen der Erzvätererzählungen steht die Episode von Sara und Hagar, von Ismael und Isaak in einem anderen Zusammenhang. Jörg Jeremias erläutert, dass hier das Bild eines *versagenden* Abraham gezeichnet werde, der kurz vor dem Exil dem Volk Israel quasi als Spiegel vorgehalten werden soll. Abraham, der Erzvater, wird daher nicht nur positiv, sondern kritisch gesehen: Gott muss wiederholt in die Geschichte eingreifen, um zu verhindern, dass Abrahams Eigenmächtigkeiten die göttliche Verheißung gefährden. In diesem Falle geht es darum, dass „Abraham – jetzt auf Initiative Saras hin – wiederum in Sorge um seine Zukunft das Handeln an Gott vorbei in die eigene Hand nimmt. In Gen 16 greift der gleiche Erzähler wie in 12,10–20 eine ältere Ismael-Tradition auf, die von der Verheißung der Geburt und der Namensgebung Ismaels erzählt hatte, wendet sie aber erneut kritisch gegen Abraham und zeichnet einen Erzvater, der die sich verzögernde göttliche Sohnesverheißung nicht abwarten kann, sondern stattdessen eine eigene Lösung sucht, um Nachkommen zu erhalten."[13]

Geht es also in der alttestamentlichen Perspektive um das mangelnde Vertrauen des Abraham und der Sara in Gottes Verheißungen, so geht es in neutestamentlicher

---

13   J. Jeremias (2017): *Theologie des Alten Testaments*, Gütersloh, S. 75.

Perspektive bei Paulus um einen tieferen Sinn dieser Erzählung, der sich nur aus dem Christus-Geschehen her ergibt. Die Erzählung kann damit in doppeltem Sinne als „wahr" verstanden werden, nämlich einmal in ihrem Sinn *vor* dem Erscheinen von Jesus Christus und sodann in einem zweiten und *tieferen* Sinn *nach* dem Erscheinen Jesu Christi. Damit wird von Paulus die Geschichte aus dem Alten Testament als wahr anerkannt, und zwar in einem mehrfachen Sinne, da er das Alte Testament als Verheißung Gottes versteht, eine Verheißung, die in Jesus Christus erfüllt worden ist.

Aus einer jüdischen Perspektive jedoch, die Jesus Christus nicht als Messias und Sohn Gottes anerkennt, kann der Deutung des Paulus schwerlich zugestimmt werden.[14] Wie steht es nun aber mit der Figur der Mutter Ismaels in der Botschaft des Koran?

Zur Figur Ismaels im Koran

Die koranische Botschaft unterscheidet sich in der Weise, wie sie sich auf jüdische und christliche Traditionen bezieht, grundsätzlich vom Neuen Testament in seinem Verhältnis zum Alten Testament. Während die Schriften des Neuen Testaments die Texte des Alten als Wort Gottes anerkennen und daher sehr häufig auch wörtlich zitieren,

---

14   Zum Ganzen vgl. auch: M. Wolter (2011): *§50: Identität und Alterität: Gal 4,21–31*, in: ders., *Paulus. Ein Grundriss seiner Theologie*, Neukirchen-Vluyn, S. 417–424.

findet sich im Koran kein einziges ausdrückliches Zitat der Vorgängertraditionen. Dies hängt offensichtlich mit dem Selbstverständnis der koranischen Botschaft zusammen, die sich als Wiedergabe von „Herabsendungen" göttlicher Textpassagen versteht, die im Zweifelsfalle ältere Traditionen (AT und NT) korrigieren, nicht aber durch diese infrage gestellt werden können.

In der koranischen Botschaft wird die Mutter Ismaels nicht mit Namen genannt, ebenso wenig wie Abrahams Frau (Sara), während der Name Ismael in insgesamt acht der 114 Suren 12-mal erwähnt wird, gehäuft in Sure 2 mit fünf Belegen.

In Sure 2 begegnen Abraham (arab. *Ibrāhīm*) und Ismael (arab. *Ismācīl*) als Kultstifter, da sie als Erbauer jenes Gebetsortes dargestellt werden, den Muslime als die Kaaba in Mekka ansehen:

„Und als Wir das Haus zu einem Versammlungsort für die Menschen und zu einer sicheren Stätte machten: ,Nehmt euch die Stätte Abrahams zu einem Gebetsort.' Und Wir erlegten Abraham und Ismael auf: ,Reinigt mein Haus für diejenigen, die den Umlauf vollziehen und die eine Einkehrzeit einlegen und die sich verneigen und niederwerfen.' [...] Und als Abraham dabei war, von Haus die Fundamente hochzuziehen, (er) und Ismael. (Sie beteten:) ,Unser Herr, nimm es von uns an. Du bist der, der alles hört und weiß. Unser Herr, mache uns beide Dir ergeben und (mache) aus unserer Nachkommenschaft eine Gemeinschaft, die dir ergeben ist. Und zeige uns die Riten, und wende Dich uns gnädig zu.'" (Sure 2:125–128)

An anderen Stellen wird Ismael in Namensreihungen genannt, in älteren Texten begegnet sein Name neben

Elischa und Dhu l-Kifl (38:48) bzw. neben Idris und Dhu l-Kifl (21:85), während er in jüngeren Belegen in hervorgehobenen Aussagen erscheint wie etwa Sure 3:84-85, wo es heißt:

„Sprich: Wir glauben an Gott und an das, was auf uns herabgesandt wurde auf Abraham, Ismael, Isaak, Jakob und die Stämme, und an das, was Mose und Jesus und den Propheten von ihrem Herrn zugekommen ist. Wir machen bei keinem von ihnen einen Unterschied. Und wir sind Ihm ergeben. Wer eine andere Religion als den Islam sucht, von dem wird es nicht angenommen werden. Und im Jenseits gehört er zu den Verlierern."

Ismael erscheint im Koran demnach zunächst als ein Prophet, später dann zusammen mit Abraham als Kultgründer der ursprünglichen Religion, als deren Wiederherstellung sich die koranische Botschaft versteht. Damit werden die Traditionen von Juden und Christen infrage gestellt, soweit sie sich vom Zeugnis der koranischen Botschaft unterscheiden, da vorausgesetzt wird, dass es sich bereits bei allen vorausgegangenen Propheten und Gesandten um Muslime gehandelt haben muss. Die Abgrenzung gegenüber Juden und Christen wird mit Bezug auf Abraham und Ismael vorgenommen. In Sure 2:140 ist zu lesen:

„Oder wollt ihr sagen, dass Abraham, Ismael, Isaak, Jakob und die Stämme Juden oder Christen gewesen sind? Sprich: Wisst ihr es besser oder Gott? Wer ist denn ungerechter als der, der ein Zeugnis, das er von Gott hat, verschweigt? Aber Gott lässt nicht unbeachtet, was ihr tut."

Die koranische Botschaft vertritt damit die These, dass das göttliche „Wir", also der Sprecher der koranischen Botschaft, *„bei keinem von ihnen [den Propheten und Gesandten, HW] einen Unterschied macht"*, was bedeutet, dass allen Propheten und Gesandten dieselbe Botschaft zugekommen ist wie diejenige, als deren Niederschlag sich die koranische Botschaft selbst versteht. Doch nicht nur das, denn indem die koranische Botschaft die weitere These vertritt, dass die jeweils älteren Propheten und Gesandten inklusive derer, zu denen sie gesandt wurden, die jeweils neu auftretenden Propheten anerkennen und deren Authentizität bestätigen müssen, wird für die koranische Botschaft eine theologische Letztgültigkeit gefordert: Alles, was der koranischen Botschaft widerspricht, muss demnach falsch sein.

Für die Texttraditionen der Juden und der Christen bedeutet dies, dass aus koranischer und mit ihr muslimischer Sicht eben diese Traditionen weitgehend verfälscht sind (arab. *taḥrīf*), da sie gravierende und grundlegende Unterschiede gegenüber dem Koran aufweisen. Diese Sicht nötigt Juden und Christen ihrerseits dazu, sich zu den Thesen der koranischen Botschaft zu verhalten. Wie also ist über diese religiöse Tradition zu denken?

Respekt vor Differenz und christliches Glaubenszeugnis gegenüber Muslimen

Die Ausführungen haben gezeigt, dass für Christen die Erzählung von Hagar und Ismael in einem doppelten Sinne verstanden werden kann, wohingegen die neutestamentliche Deutung des Paulus von jüdischen Gesprächspartnern vermutlich schwerlich akzeptiert wird, da sie aus der

Perspektive des Christusgeschehens gewonnen wurde. Die koranische Version kann demgegenüber weder von Juden noch von Christen anerkannt werden, da sie ihrem Anspruch nach sowohl die jüdischen als auch die christlichen Schriften aufhebt.

Nach koranischem Verständnis waren alle Gesandten und Propheten von Adam an Muslime und haben eine mit den koranischen Texten übereinstimmende Botschaft gebracht. Alle Abweichungen davon werden als Verfälschungen betrachtet. Die koranische Botschaft versteht sich in ihrer späten Phase als Wiederherstellung der Religion des *Ibrāhīm* und des *Ismāʿīl*, die durch die Verkündigung der an Muḥammad ergangenen Botschaft geschieht und in der frühen Geschichte des Islam Gestalt annimmt. Die koranische Botschaft wendet sich polemisch gegen Grundaussagen der älteren Traditionen und beansprucht für sich, die einzig wahre Version göttlicher Offenbarung darzustellen. Bildlich gesprochen fungieren die Gestalten Abrahams und Ismaels in ihrer koranischen Aneignung und Umdeutung nicht als Brücke zwischen den religiösen Traditionen, sondern als ausschließende Grenzbefestigung, nicht als „Schnittmenge von Wahrheit", sondern als Zurückweisung jüdischer wie christlicher Deutungen, nicht als Gemeinsamkeit, sondern als grundsätzliche Infragestellung.

Wie ist mit diesem Befund umzugehen? Vertreterinnen und Vertreter einer Abrahamitischen Ökumene müssen sich die Frage gefallen lassen, ob sie nicht die grundlegenden theologischen Probleme religiöser Konkurrenz schlicht ausblenden, denn von einer Ökumene kann theologisch keine Rede sein. Umgekehrt mag der Begriff bei manchen Menschen das ebenso beruhigende wie vage *Gefühl* einer irgendwie gegebenen „Zusammengehörigkeit" hervorrufen und damit attraktiv erscheinen. Die kritische Rückfrage bleibt jedoch, wie lange ein solches Gefühl trägt, wenn es zu konkreten theologischen wie praktischen Fragen kommt. Gerade von solchen Glaubensgeschwistern, die in mehrheitlich muslimischen Ländern leben, wäre hier sicherlich vieles zu lernen.

Unabdingbar jedenfalls sind drei Dinge: erstens eine solide Kenntnis der religiösen Traditionen, einmal der eigenen, dann der anderen; zweitens eine respektvolle Haltung gerade dort, wo in Gesprächen und Interaktionen die Differenzen nur allzu offensichtlich werden; drittens die Orientierung am Geist des Evangeliums von Jesus Christus, dem Sohn Gottes, in dem sich unüberbietbar und letztgültig der Gott Israels und Vater Jesu Christi als ein Gott der Liebe offenbart hat. Christinnen und Christen in aller Welt sind aufgerufen, diesen dreieinigen Gott in aller Klarheit und Freimut zu bezeugen in einem Geist der Kraft, der Liebe und der Besonnenheit und einer Zuwendung zu religiös anderen, in der Christinnen und Christen diesem Geist ihres Herrn und Heilandes zu entsprechen suchen.

Thematische Anknüpfungen

GOTT SIEHT HIN

Meditation zum Titelbild von Inge Heinicke-Baldauf
und zur Jahreslosung

Johannes Beer

Helle Farben bestimmen das Bild von Inge Heinicke-Baldauf zur Jahreslosung 2023. Da ist ein gestricheltes, flirren-
des Gelb, das ins Orangene geht. Seine Strukturen ziehen
sich von oben nach unten vor waagerechten Flächen aus
roten, rosa und beigen Farbtönen. Da ist im oberen Teil
ein ebenfalls gestricheltes Hellblau, dessen Strukturen
waagerecht vor einer rosa Fläche verlaufen. Und da ist die
Fläche einer aufrecht stehenden menschlichen Gestalt,
die in einem hellen Violett mit rosa Anklängen gehalten
ist. Die Form dieser Gestalt ist mit einer mal hellen und
mal dunklen Konturlinie deutlich vom Hintergrund abge-
setzt. Diese Form wirkt wie ausgeschnitten und auf dem
farbigen Hintergrund montiert. Allerdings scheinen die
gelben Striche erst nach der Montur aufgebracht worden
zu sein. Auf der hellvioletten Fläche der menschlichen
Gestalt finden sich schwarze Zeichen, die sich schnell,
auch wenn nicht alles lesbar wird, als wiederkehrende
Worte entpuppen.

Erste Assoziationen

Die menschliche Gestalt wirkt auf den ersten Blick wie eine jüngere Dame. Sie steht dort lässig und ruhig. Beide Arme hängen locker herab. Der eine ist nah am Körper und verschmilzt mit dessen Silhouette. Der andere ist in seinen Umrissen deutlicher zu erkennen. Die Hand ist entspannt geöffnet. Ansonsten sind keine Einzelheiten zu sehen. Weder hat die Dame ein Gesicht noch ist irgendetwas von ihrer Kleidung zu erahnen. Wir können nicht einmal sehen, ob sie uns als Betrachtenden zu- oder abgewandt steht.

Allerdings entschlüsseln sich einige der Worte, die Inge Heinicke-Baldauf in schwarzer Schrift in die Fläche der menschlichen Gestalt geschrieben hat: „sieht" und „der" und „mich" finde ich dort mehrfach, mal klar zu lesen, manchmal zu erahnen oder im Ungewissen. Der Anklang an die Jahreslosung *„Du bist ein Gott, der mich sieht"* ist sofort offensichtlich.

Die obere Fläche mit ihren dichten hellblauen Strichen vor dem rosa Grund ruft bei mir die Assoziation eines Himmels über einer Landschaft hervor. Ob die Fläche darunter mit ihren klaren waagerechten Kanten und den dynamisch aufgetragenen senkrechten Strukturen wirklich eine Landschaft andeutet, bleibt vorerst unklar. Es könnte das flirrende Licht der heißen Wüste sein. Es könnte auch eine Wand sein oder der Teil eines Gebäudes.

Die biblische Erzählung

Die Jahreslosung 2023 stammt aus der Abraham-Erzählung der Genesis. Allerdings werden hier weder Abram oder Sarai noch einer der anderen Hauptprotagonisten in den Blick genommen, sondern die ägyptische Sklavin Hagar, die Sarai dient und gehört. Nur in zwei Kapiteln des ersten Mosebuches (1Mo 16; 21) ist von ihr die Rede. Wie und warum sie zu Sarai kam, liegt im Dunkeln. Vielleicht haben Abram und Sarai sie, als sie wegen der Hungersnot in Ägypten waren, mitgenommen. (1Mo 12,10–20) Vielleicht war Hagar sogar ein Geschenk des Pharao. Es spielt letztlich keine Rolle.

Klar ist allerdings, dass Hagar, die Sklavin Sarais, aus Ägypten stammt. Und da sie Ägypterin ist, ist es nicht unbedingt wahrscheinlich, dass sie der Religion von Abram und Sarai angehört. Da sie Sklavin ist, hat sie nach der damaligen Rechtsvorstellung keine Persönlichkeitsrechte, sondern wird als Sache behandelt. Und genau das bekommt sie von Sarai zu spüren.

Zehn Jahre leben Abram und Sarai bereits im Land Kanaan. Von Gottes Verheißungen ist vieles in Erfüllung gegangen, aber der ersehnte und verheißene Sohn der beiden hat sich nicht eingestellt. Sarai hat kein Kind geboren. Und da sie meint, keine Kinder mehr bekommen zu können, will sie der Verheißung auf die Sprünge helfen, indem sie ihrem Mann Abram ihre ägyptische Sklavin Hagar zur Nebenfrau gibt. Rechtlich wäre das Kind ihrer Sklavin dann ihr Kind, Hagar wäre eine Leihmutter. So geschieht es dann auch: Sarai bringt Abram und Hagar zusammen.

Aber als die ägyptische Sklavin Hagar schwanger wird, wird sie aufmüpfig gegen ihre Herrin, verachtet diese und lässt sie deutlich spüren, dass ihr vergönnt ist, was Sarai bisher nicht konnte: Sie wird das Kind der Verheißung Gottes gebären. Diese Aufmüpfigkeit ihrer Sklavin kann und will Sarai nicht hinnehmen und quittiert das Verhalten mit bestem Mobbing.

Die ägyptische Sklavin Hagar hält das nicht aus. Sie wird ihrer letzten Würde beraubt. Sie kann nicht mehr und flieht vor ihrer Herrin in die Wüste. Sie flieht ins Ungewisse, ins volle Risiko. Als schwangere Frau allein in der Wüste unterwegs zu sein, ist heute keine gute Idee und war es damals erst recht nicht. Aber sie flieht zu einer Wasserquelle und will sich offenbar in ihre Heimat Ägypten durchschlagen. Der Weg nach Schur ist wohl der Karawanenweg nach Ägypten. Ob sie ahnt, was ihr und ihrem ungeborenen Kind alles zustoßen kann? Ob sie einen Plan hat, eine Idee, wie es auf diesem Weg weitergehen kann? Wohl eher nicht.

Wenn ich jetzt das Bild von Inge Heinicke-Baldauf zur Jahreslosung anschaue, sehe ich in der menschlichen Gestalt Hagar. Die junge schwangere Frau steht allein in der Wüste und weiß nicht, wie es weitergehen kann. Sie blickt nach vorne in die flirrende Hitze, aber da ist kein Weg, der sich abzeichnet, kein Zufluchtsort, zu dem sie sich retten könnte. Das alles ist nicht zu sehen. Sie steht zugleich in einem weiten Raum und doch mit dem Rücken zur Wand.

Gott sieht hin

Der Engel des Herrn findet die ägyptische Sklavin Hagar bei der Wasserquelle und spricht zu ihr. Es ist die erste Bibelstelle überhaupt, in der der Engel des Herrn vorkommt. Hier spricht Gott in der Erzählung des Alten Testaments zum ersten Mal durch seinen Engel. Und er spricht zu einer, die wahrscheinlich nicht der Religion Abrams und Sarais angehört, die keine Jahwe-Verehrerin ist. Er spricht zu einer Sklavin, also einer, die nach damaligen Rechtsvorstellungen keine menschlichen Rechte hat. Er spricht zu einer, die in der Gesellschaft ganz unten ist. Dem Engel Gottes ist das alles bewusst. Er spricht Hagar mit ihrem Namen und mit ihrer Stellung an: *„Hagar, Sarais Magd, wo kommst du her und wo willst du hin?"* (1Mo 16,8) Er behandelt Hagar nicht wie eine Sache, nicht wie eine Sklavin, sondern wie eine ganz besondere Frau.

Hagar fühlt sich durch diesen Engel Gottes in den Blick genommen. Sie spürt, dass Gott sie sieht, sie wirklich wahrnimmt. Das ist so ganz anders, als sie es durch ihre Herrin Sarai und durch Abram kennt. Bei denen ist sie eine Sache, die ihre Funktion zu erfüllen hat. Da ist sie Mittel zum Zweck. Sie soll das Kind gebären, das die beiden wollen, um Gottes Verheißung zu erfüllen. Und ansonsten soll die Sklavin möglichst unsichtbar und still ihre Arbeit erledigen. Nun aber sieht der Engel Gottes sie, sieht Gott selbst durch seinen Engel sie als einen Menschen und eine eigenständige Persönlichkeit. Hagar fühlt sich durch diesen Engel von Gott angenommen.

Wenn ich jetzt das Bild von Inge Heinicke-Baldauf zur Jahreslosung anschaue, sehe ich wiederum in der menschlichen Gestalt Hagar. Die junge schwangere Frau steht allein in der Wüste, hat sich aber gewissermaßen umgedreht. Sie blickt nicht mehr in die flirrende Hitze der weiten Wüste, sondern erwidert den Blick des Engels des Herrn. Sie sieht noch keinen Weg, ist aber entspannt, weil sie sich wahrgenommen, ja, angenommen weiß.

Gott nimmt wahr

Der Engel des Herrn nimmt Hagar nicht nur wahr, sondern verheißt ihr wie Abram, aber ganz unabhängig von ihm, eine bedeutende Nachkommenschaft: *„Siehe, du bist schwanger geworden und wirst einen Sohn gebären, dessen Namen sollst du Ismael nennen; denn der Herr hat dein Elend erhört."* (11) Allerdings schickt er die ägyptische Sklavin Hagar auch wieder zurück zu ihrer Herrin Sarai.

Für Hagar ist diese Begegnung, dieses Wahrgenommenwerden durch den Engel des Herrn und damit durch Gott selbst, etwas so Wunderbares, dass sie, um die persönliche Beziehung auszudrücken, diesen Gott mit einem eigenen Namen belegt: *„El Roï".* Das heißt übersetzt: „Gott, der mich sieht, der nach mir schaut" oder wie Martin Luther es übersetzt: *„Du bist ein Gott, der mich sieht".* Genau dieser Gottesname ist nun zur Losung für das Jahr 2023 gewählt worden.

Wenn ich jetzt das Bild von Inge Heinicke-Baldauf zur Jahreslosung anschaue, sehe ich immer noch in der menschlichen Gestalt Hagar. Ich lese die Worte, die in der Silhouette der menschlichen Gestalt geschrieben stehen. Hagar ist offensichtlich erfüllt von diesen Worten. Immer wiederkehrend steht da „sieht" und „der" und „mich". Also ist es diese wunderbare Erkenntnis, die Hagar umtreibt und erfüllt, dass Gott sie sieht: *„Du bist ein Gott, der mich sieht."*

Nachdem dann Sarai Jahre später doch noch ihren Sohn Isaak zur Welt bringt, entflammt allerdings die Konkurrenz der beiden Frauen aufs Neue. (1Mo 21,8–21) Es geht jetzt darum, dass nicht beide Söhne auch Erben Abrams sein sollen. So wird die ägyptische Sklavin Hagar mit ihrem Sohn Ismael im sprichwörtlichen und im wörtlichen Sinne in die Wüste gejagt. Diesmal allerdings ahnt Hagar nicht einmal einen Weg und weiß weder Brunnen noch gar Quelle zu finden. Und als ihr Wasser ausgetrunken ist und sie denkt, ihr Sohn und sie müssten in der Wüste verdursten, kommt der Engel Gottes wieder zu ihr. Wieder hat er und mit ihm Gott sie und jetzt auch ihren Sohn wahrgenommen. Und wieder weiß der Engel, was ihr fehlt, und erneuert die Verheißung Gottes, und er lässt sie einen Brunnen mit rettendem Wasser entdecken.

Wen sieht Gott?

Nun können wir überlegen, wen Gott alles in den Blick nimmt, wen er alles sieht und wahrnimmt. Wenn wir die Bibel durchblättern, fällt uns immer wieder auf, dass Menschen von Gott gesehen und angesprochen werden, die damit gar nicht rechnen. Immer wieder sind das Menschen, die von anderen Menschen nicht wahrgenommen, missachtet oder gar an den Rand gedrängt werden. Immer wieder sind das Menschen, die durch ihre Erfahrung mit anderen Menschen kein hohes Selbstwertgefühl haben.

Die ägyptische Sklavin Hagar steht da für eine ganze Reihe von Gruppen. Sie ist zum einen eine Frau. Die diskriminierende Missachtung von Frauen ist leider bis heute ein Missstand. Auch in unserer Gesellschaft gibt es viele, zum Teil sehr subtile Methoden, Frauen an den Rand zu drängen.

Hagar ist zum anderen eine Sklavin. Auch wenn es Sklaverei offiziell bei uns nicht mehr gibt, so haben wir doch andere Methoden entwickelt, Menschen in Abhängigkeit zu zwingen. Und die Zahl der Arbeitenden auf der Welt, die de facto Arbeitssklaven sind, ist fast unermesslich. Unsere billigen Kleidungsstücke sind genau davon abhängig.

Hagar ist zum Dritten eine Leihmutter. Ihr sexuelles Selbstbestimmungsrecht darf sie nicht ausüben. Ihre Herrin bestimmt, wann und warum sie sich Abram hingeben muss. Heute geht es dabei sicherlich nicht darum, der Verheißung Gottes auf die Sprünge zu helfen, sondern um großen Egoismus. Da werden Frauen zwangsprostituiert, sexuell ausgebeutet und vergewaltigt. Da wird bei der Leihmutterschaft die wirtschaftliche Notlage ausgenutzt, ohne auf Mutter und Kind Rücksicht zu nehmen.

Hagar ist zum Vierten Ausländerin. Auch das ist bis heute in unserer Gesellschaft ein Problem. Wer aufmerksam ist, kann mitten unter uns alltägliche Missachtung und

Rassismus erleben. Das geht vom bewussten Übersehen bis hin zu tätlichen Angriffen.

Des Weiteren ist Hagar eine Geflüchtete, die sich auf den aussichtlosen Weg durch die Wüste macht. Gerade in unseren Zeiten ist das ein massenhaftes Problem. Viele machen sich auf, weil ihre Situation zu Hause unerträglich ist. Sie machen sich auf, weil sie unterdrückt werden, und versuchen, durch die Wüste zu fliehen. Und wir ahnen nicht einmal, wie viele Menschen Jahr für Jahr dabei nicht nur ihr Leben und das ihrer Kinder riskieren, sondern es verlieren.

All das sind Menschen, die Gott sieht, jede und jeden Einzelnen. Gott sieht sie, wie er Hagar gesehen hat.

Wenn ich jetzt das Bild von Inge Heinicke-Baldauf zur Jahreslosung anschaue, sehe ich in der menschlichen Gestalt Hagar stellvertretend für all diese Menschen. Sie alle stehen auf jeweils ihre Weise allein in der menschlichen Wüste und wissen nicht, wie es weitergehen kann. Sie blicken nach vorne in die flirrende Hitze, aber da ist kein Weg, der sich abzeichnet, kein Zufluchtsort, zu dem sie sich retten können. Sie stehen zugleich in einem weiten Raum und doch mit dem Rücken zur Wand. Aber Gott sieht sie.

Wen sehen wir?

In unserer Gesellschaft werden all die Genannten, für die Hagar stehen kann, oft nicht in den Blick genommen. Natürlich sind wir alle für Gleichberechtigung zwischen Frau und Mann, aber leben wir sie wirklich? Natürlich achten wir, um nur ein Beispiel zu nennen, beim Kauf von Kleidung nicht nur auf den Preis. Sie soll ökologisch und nachhaltig und nicht von Kindern gefertigt worden sein. Aber schauen wir wirklich auf die Arbeitsbedingungen in den großen Textilnähereien in Asien? Natürlich haben wir in unserem Land Gesetze, die auch und gerade Prostituierte schützen. Und das beruhigt uns, aber schauen wir wirklich auf die vielen kleinen Bordelle und unter welchen Bedingungen dort Frauen gegen ihren Willen anschaffen müssen? Natürlich ist die Leihmutterschaft bei uns wie auch in vielen anderen Ländern verboten. Aber wir ahnen doch durch die Agenturen, die Leihmütter professionell vermitteln und dafür im Internet werben, dass dies Problem mitten unter uns existiert.

Wenn aber Gott all diese Menschen sieht und wahrnimmt, dann sollten wir das auch tun. Dann sollten wir uns bemühen, sie in den Blick zu nehmen. Natürlich gibt es Christinnen und Christen, die genau das wollen, die hinschauen, wo andere wegschauen. Natürlich kann niemand alle wahrnehmen – das kann nur Gott –, aber wenn wir ahnen, dass da blinde Flecken sind, mag das unsere Augen für die unterschiedlichsten Menschen am Rand öffnen.

Und wenn ich jetzt vor diesem Hintergrund das Bild von Inge Heinicke-Baldauf zur Jahreslosung noch einmal anschaue, sehe ich in der menschlichen Gestalt all diese Menschen. Sie haben sich zu mir und uns umgedreht. Sie blicken nicht mehr in die flirrende Hitze der weiten Wüste, sondern nehmen uns in den Blick, ob wir sie sehen und mit Gott wahrnehmen und so zu seinen Boten werden.

Gott sieht uns

Aber sind wir nicht auch wir manchmal am Rande, ausgegrenzt oder auf der Flucht? Es gibt so viele Situationen, in denen wir uns wie Hagar fühlen und nicht mehr können. Dann blicken wir in die flirrende Hitze und suchen den Weg, der sich nicht abzeichnet, suchen den Zufluchtsort, zu dem wir uns retten könnten, der aber nicht zu finden ist. Dann stehen wir zugleich in einem weiten Raum und doch mit dem Rücken zur Wand.

Mögen uns dann die Worte erfüllen, die in der Silhouette der menschlichen Gestalt auf diesem Bild geschrieben stehen. Vielleicht kreisen sie in uns erst unbewusst und ungeordnet, aber immer wiederkehrend: „sieht" und „der" und „mich". Dann mögen sich die Worte ordnen und zusammenwachsen zu der wunderbaren Erkenntnis, die Hagar umtreibt. Mögen wir dann staunend und glaubend mit der ägyptischen Sklavin Hagar Gott bei seinem Namen rufen: *„El Roï, du bist ein Gott, der mich sieht!"*

JEMANDEN ANSEHEN GIBT IHM ANSEHEN

Martina Walter-Krick

Gesehen zu werden bedeutet, beachtet zu werden. Gesehen zu werden, wahrgenommen zu werden ist ein Grundbedürfnis von uns Menschen. Jemand nimmt wahr, dass ich da bin. Bereits kleine Kinder suchen die Aufmerksamkeit ihrer Eltern und Bezugspersonen. Zuerst durch Schreien, später durch Geplapper, Mimik und Gestik. Und je größer die Kinder werden, desto kreativer bringen sie uns dazu, dass wir ihnen Aufmerksamkeit schenken. Dieses tiefe Bedürfnis, gesehen zu werden, ist aber nichts Kindisches, sondern etwas zutiefst Menschliches. Deshalb begleitet uns dieses Bedürfnis auch unser Leben lang. Als Erwachsene wählen wir in der Regel nur andere Wege, um Aufmerksamkeit zu erhalten. Zum Beispiel durch gute Leistungen, durch ein perfektes Äußeres, durch besondere soziale Leistungen. Aber wir spüren auch, dass dieses „Aufmerksamkeit gewinnen wollen" ziemlich anstrengend sein kann. Wir stehen mit vielen anderen Menschen in Konkurrenz. Das führt sowohl zu viel Stress als auch zu Minderwertigkeitsgefühlen und nicht selten zu Einsamkeit oder auch zu Depression.

Soziale Wesen

Wir Menschen sind von Natur aus soziale Wesen, wir sind auf Kontakt zu anderen Menschen angelegt und formen unser Leben unsere Persönlichkeit in und am Kontakt zu anderen. Martin Buber drückte das so aus: „Der Mensch wird am Du zum Ich." Wir brauchen Beziehungen auf Augenhöhe. Und es tut uns gut, uns selbst zu sehen und dabei als Gegenüber für andere zu entdecken.

Die Psycho- und Familientherapeutin Virginia Satir (1916–88) verfasste dazu ein schönes Statement: „Ich glaube, das größte Geschenk, das ich von jemandem bekommen kann, ist, dass er mich sieht, mir zuhört, mich versteht und mich berührt. Das größte Geschenk, das ich einem anderen Menschen machen kann, ist, ihn zu sehen, ihm zuzuhören, ihn zu verstehen und ihn zu berühren. Wenn dies gelingt, habe ich das Gefühl, dass wir uns wirklich begegnet sind."

Der Mensch braucht solche Begegnungen, um sich weiterzuentwickeln. Deshalb sind wir auch als Christen nicht allein unterwegs. Gott hat uns als Menschen gemacht, die Gemeinschaft mit anderen leben. Und in dieser Menschen-Gemeinschaft nehmen wir den anderen und die andere in den Blick. Wir schauen einander an und tun das hoffentlich mit freundlichen, interessierten, liebevollen und neugierigen Blicken. Es geht darum, einander wahrzunehmen und sich füreinander zu interessieren.

Der Gott der Bibel ist ein Gott, der uns sieht – so wie es die Jahreslosung sagt. Gott sieht den Einzelnen: eine Hagar, einen Abraham, eine Sara – aber auch den namentlich nicht genannten Psalmbeter, der mit seinem Dank, seiner Klage, seiner Bitte zu Gott kommt. Gott sieht und hört und kümmert sich. Ganz besonders eindrücklich sehen wir das im Umgang von Jesus mit den Menschen: Er hatte ein Auge für die Menschen am Rande. Wo andere weggeschaut haben, schaute er umso genauer hin. Jesus sah die Einzelne, den Übersehenen, die Traurige, den Fragenden, die Mutlose und den Verzweifelten und den Zweifler. Und so kann er auf die Menschen schauen und hinter ihren äußeren Lebensthemen viel tiefer blicken. Matthäus berichtet: *„Und als er das Volk sah, jammerte es ihn; denn sie waren verschmachtet und zerstreut wie die Schafe, die keinen Hirten haben."* (Mt 9,36).

Dies ist ein passendes Bild auch für unsere Gesellschaft heute: So viele Fragen, Lebensentwürfe, Ansprüche, Verpflichtungen und Wahlmöglichkeiten haben wir ... Wie gestalten wir unser Leben, und wohin gehen wir mit den Lebensfragen, die nicht so schnell zu beantworten sind? Wir sind frei – haben die freie Auswahl –, und doch haben wir damit nicht nur Freiheiten, sondern wir spüren, dass wir Entscheidungen treffen müssen. Aus der freien Wahl ist auch die Verpflichtung zur Wahl entstanden. Und nicht wenige Menschen fühlen sich überfordert, orientierungslos, vielleicht auch „verschmachtet und zerstreut".

Und dort, wo Menschen die Erfahrung machen, dass Gott sie sieht, verändert sich etwas. Menschen, die sich sorgen, erhalten eine neue Perspektive, Ängstliche bekommen Mut und Vertrauen, Trostlose erhalten Hoffnung, Resignierte fassen neuen Lebensmut, Einsame suchen und finden Gemeinschaft, Schuldige erleben Freiheit und Beschämte erhalten neue Würde.

Botschaft der Rettung

Gott ist ein Gott, der uns sieht. Diese Botschaft ist die erlösende Rettung aus all unseren Anstrengungen. Er sieht den Menschen und gibt ihm Ansehen. Ein Ansehen, das nicht aufgrund dessen gilt, was der Mensch leistet, sondern aufgrund dessen, dass er geliebt ist. Wer tief in seinem Herzen weiß: „Gott sieht mich!", der hat ein wichtiges und tragfähiges Fundament für sein Leben.

In der Geschichte von Hagar, aus der die Jahreslosung entnommen ist, macht sie diese erlösende Erfahrung, dass Gott sie anschaut und sieht. Und an ihrer Geschichte merken wir, dass sich die Umstände nicht immer so verändern, wie wir es gern hätten. Hagar wird von Gott zurück in die alten Verhältnisse geschickt. Dabei weiß sie jetzt: „Gott sieht mich." Er sieht Hagar und uns in unseren Verhältnissen und Lebenssituationen. Er sieht, woran wir leiden, womit wir kämpfen. Und unsere Kämpfe können nach außen stattfinden, aber es gibt auch viele Kämpfe in unserem Inneren – dort, wo wir selbst mit uns keinen Frieden haben und gern anders sein würden, als wir sind, und immer wieder gegen uns selbst kämpfen.

Wenn Gott uns ansieht, dann sieht er dies alles. Wir können und wir müssen uns nicht verbergen vor ihm. *„Wohin soll ich gehen vor deinem Angesicht …?"* (Ps 139,7). Gott sieht und kennt uns – näher und intensiver als irgendein Mensch. Nichts ist vor ihm verborgen. Und wenn man Psalm 139 liest, kann einem schon mal die Frage kommen: Ist das eigentlich beruhigend oder eher beunruhigend, dass Gott uns so durch und durch kennt? Es könnte auch unheimlich sein und unangenehm, dass wir vor Gott nichts verbergen können. Und gleichzeitig ist es doch entlastend. Ja, Gott sieht und kennt mich – nicht nur meine „Schokoladenseite", sondern alles. Ich muss mich nicht zusammenreißen, kein Sonntagsgesicht aufsetzen und gute Laune vorspielen, sondern ich darf einfach sein.

In einem Geschäft entdeckte ich eine Postkarte mit dem Spruch: „Zuhause ist dort, wo man den Bauch nicht einziehen muss." Klingt lustig und ein bisschen selbstironisch, aber die Wahrheit dahinter heißt doch: Zu Hause kann ich sein, wie ich bin. Hier muss ich nichts vertuschen. Hier kann ich auch gar nichts verbergen.

Dasselbe gilt dafür, bei Gott zu Hause zu sein mit dem Wissen: Hier bin ich gut aufgehoben, angenommen, so wie ich bin, brutto geliebt. Und wo ich geliebt bin, da kann ich sein, da kann ich meine Masken fallen lassen.

Wo ich geliebt bin, da kann ich schwach sein und meine Ängste benennen. Da darf ich einfach sein – und darin kann ich mich entdecken. Dort, wo ich ein Gegenüber habe, das mich bedingungslos annimmt, so wie ich bin – dort kann ich Vertrauen fassen und zu mir finden.

Und Gott sieht mich! Das gibt mir meinen Wert. Von Gott (an-)gesehen zu werden, gibt mir Ansehen. Ich bin geliebt und nun lädt Gott mich ein, mich selbst anzusehen und es zu glauben, dass ich kein Nobody bin, sondern Gottes geliebtes Kind.

Ich werde eingeladen, mit mir selbst liebevoll umzugehen, mich noch einmal neu kennenzulernen in dem Bewusstsein: Ich bin geliebt. Von Gott so unendlich geliebt. Wertvoll in Gottes Augen.

Er spricht mir meinen Wert zu. Er sieht mich und gibt mir Ansehen. Oft zeigt sich Gott in den Tiefpunkten unseres Lebens:

- „Wer bin ich?" – Diese Frage stellt sich für jeden anders oder im Laufe seines Lebens in unterschiedlicher Weise.
- „Wer bin ich?" – Das heißt auch: Wo gehöre ich hin? Wo ist mein Platz in dieser Welt?
- „Wer bin ich?" – Das heißt auch: Wer weiß überhaupt etwas von mir und wie es wirklich in mir aussieht?
- „Wer bin ich?" – Wer bin ich wirklich? Ist mein Selbstbild vielleicht nur eine Illusion? Wie beantworte ich die Frage: „Wer bin ich?" nach einem kompletten Versagen, wenn ich von mir enttäuscht bin?
- „Wer bin ich?" – Das heißt: Lebe ich nur fremdbestimmt und anderen zuliebe, versuche ich eigentlich nur, ein Bild von mir zu erfüllen? Wer bin ich, wenn ich feststelle, dass ich anders bin als alle anderen?
- Die Frage „Wer bin ich?" beinhaltet also viele Fragen in einer, aber im weitesten Sinne die Frage nach unserer Identität.

Wer bin ich?

Wer bin ich? – Ich weiß es nicht.

Die Bibel nimmt das Thema „Wer bin ich?" sehr ernst. Gott, der sich den Menschen ausgedacht und erschaffen hat, will unser Gegenüber sein. Ein Gegenüber, der uns annimmt, so wie wir sind. Vielleicht denken wir auch manchmal erschrocken: „Huch, hoffentlich ist Gott *nicht* mein

Gegenüber, dann sieht er ja alles, was ich nicht kann und was ich gerne verbergen würde. Wenn ich Gott begegnen will, dann muss ich erst ein besserer Mensch werden."

Das ist ein Irrtum: Zu Gott können wir kommen, wie wir sind. Gott ist einer, der Sehnsucht hat nach seinen Menschen (deshalb sucht er auch Hagar). Er hat uns erschaffen und sehnt sich danach, mit uns Gemeinschaft zu haben. Dazu müssen wir nicht erst perfekt werden – das wäre aussichtslos. Gott sieht uns ungeschminkt, so wie wir sind. Er sieht nicht nur unser „Sonntags-Ausgeh-Gesicht", sondern auch das Alltagsgrau. Und er sucht nach uns, sehnt sich nach Gemeinschaft.

Gott will Gemeinschaft mit seinen Menschen – das adelt uns. Er hat eine tiefe Sehnsucht nach uns. Er ruft uns bei unserem Namen. Er sieht uns mit Augen der Liebe an, denn er hat uns geschaffen. Gott lässt nichts unversucht, um uns mit seiner Liebe zu erreichen. Deshalb kommt er selbst uns Menschen nahe, indem er selbst Mensch wird. In Jesus kommt er uns nahe. Und wenn wir uns die Geschichten rund um Jesus anschauen, dann entdecken wir, dass sich im Leben der Menschen oft schon etwas dadurch veränderte, dass Jesus sie anschaute.

Einen Menschen ansehen gibt ihm Ansehen.

Das haben Menschen bei Jesus erlebt, dass sie neues Ansehen bekommen und dabei spüren und entdecken, dass sie geliebt und wertgeschätzt sind.

DIE FREIE SKLAVIN

Annette Bauscher

Früher war Darija wunderschön. Heute – mit 42 Jahren – sieht sie verhärmt aus und wie 65, ist eingeschüchtert und vermutet hinter jedem Menschen einen Feind. Narben ihres zertrümmerten Kiefers und eine Armschiene, die einen komplizierten Bruch stabilisieren soll, lassen ahnen, was die Frau aus Südosteuropa durchlebt hat. Wochenlang sperrte ihr Mann sie im Keller ein und folterte sie. Dabei hat er ihr in dem fremden westeuropäischen Land doch ein besseres Leben versprochen. Nur ab und zu hat er ihr Essen vorbeigebracht. Ihr Vergehen war, sich von ihm trennen zu wollen. In ihrer Kultur tut eine Frau das nicht. Das bringt Schande über die Familie. Weil sie sich seinen Demütigungen und Misshandlungen dennoch nicht länger aussetzen will, droht er sie umzubringen. Als ihr endlich die Flucht nach Deutschland in ein Frauenhaus gelingt, weiß sie: *„Er wird ernst machen! Sollte ich ihm jemals wieder in die Hände fallen, war es das."* Das ist auch der Grund, warum sie nicht einmal die Hochzeit ihres eigenen Sohnes besuchen kann. Das Frauenhaus setzt Darija eine Woche später an einem Nachmittag unverhofft auf die Straße. Sie könnten ihr nicht helfen, sagen sie. Warum, versteht sie nicht. Vielleicht, weil sie in Deutschland keinen Aufenthaltstitel hat, die Behörde deshalb nicht für sie bezahlt und sie den hohen Tagessatz für Selbstzahler nicht aufbringen kann. In Deutschland hat sie jetzt nur noch einen einzigen Anlaufpunkt: eine Bekannte aus früheren Tagen, bevor ihr Asylantrag hier abgelehnt wurde. Diese Christin hatte sie unterstützt und mit ihrer Tochter gelernt, damit sie den Schulabschluss schafft. Schon damals hatten sich die Probleme in Darijas Ehe zugespitzt. Die Frau hatte ihr eine erste Flucht ermöglicht und war dadurch selbst zur Zielscheibe von Morddrohungen geworden: Nächtelang verbrachte sie im Jogginganzug auf der Couch, ein großes Messer und den Schäferhund neben sich. Trotzdem hilft sie ihr noch einmal: Sie vermittelt sie an „Perlenschatz".

Perlenschatz

Die gemeinnützige Organisation Perlenschatz schützt und berät Frauen aus Einwandererfamilien, die von häuslicher Gewalt betroffen und von Zwangsheirat oder dem sogenannten „Ehrenmord" bedroht sind. Der Verein führt Opfer in die Freiheit und ein selbstbestimmtes Leben in Würde. Um sie bei ihrer Kultur abzuholen, leben die Frauen und ihre Kinder in einer Wohn- und Lebensgemeinschaft mit Hauseltern, die selbst viele Jahre in fremden Ländern gelebt haben. Mit verschiedenen Angeboten werden Schützlinge intensiv und so lange begleitet, bis sie sich sicher genug fühlen, um in eine eigene Wohnung zu ziehen. Perlenschatz wird nicht vom Staat, sondern aus Spenden finanziert und kann deshalb auch flexibel auf die Nöte von Hilfesuchenden reagieren, für die der Staat keine Mittel bereitstellt.

Doch wenn Darija sich nicht regelmäßig bei den Behörden in dem europäischen Land meldet, wo sie zuletzt mit ihrem Mann gewohnt hat, verliert sie ihr Aufenthaltsrecht, das an dem ihres Mannes hängt. Und ihr Geld. Sie muss also wieder zurück. Nach drei Monaten beschafft eine Mitarbeiterin von Perlenschatz ihr einen Platz in einem Frauenhaus dieses Landes und begleitet sie auf dem langen Weg. An die Leiterin, die sie vorher beim vereinbarten Treffpunkt abgeholt und zu einer Vertrauten für sie wurde, hat sie vorher noch einen Wunsch: *„Ich bin so froh, dich zu kennen! Ich habe quasi auf der Straße gelebt. Ja, Gott hat mich zu dir geschickt, aber du hast mir deine Tür geöffnet. Bitte versprich mir, dass ich immer Kontakt zu dir haben darf."* Für sie war der Name des Schutzhauses, „Anker", zum Anker ihres Lebens geworden.

Darijas Geschichte steht stellvertretend für die unzähliger Frauen, die Gewalt erleben und menschlich Unerträgliches erleiden. Frauen aus männerdominierten Familiensystemen sind besonders gefangen in ihrer Kultur und Religion, ohnmächtig gegenüber dem körperlich überlegenen Vater, Bruder oder Ehemann. Als Trägerinnen der Familienehre begleitet sie ein ständiges Gefühl der Unsicherheit. Wenn es Flüchtlinge sind, kommt das für sie fremde Land erschwerend dazu. Sie leben in einer Atmosphäre mehrfacher Ablehnung: als Außenseiterin im Gastland, scheinbar nur geduldet und drangsaliert durch Herkunftsfamilie, Ehemann und Schwiegereltern, denen sie völlig ausgeliefert sind – und damit auch deren Willkür. Sie werden darauf reduziert zu funktionieren, leben kontrolliert und eingeschränkt wie Gefangene, ihnen werden kaum Freiheiten zugestanden. Nicht selten kommt zur psychischen Gewalt auch die körperliche dazu – bis hin zur Freiheitsberaubung.

Falls sie es wagen, über ihr eigenes Leben bestimmen zu wollen, kompromittieren sie damit ihre Familie, die dann vor der ganzen „Community" das Gesicht verliert. Damit riskieren sie, ausgestoßen zu werden. Und alles zu verlieren. Nicht nur vertraute Menschen, sondern die gewohnte Umgebung, das Dach über dem Kopf und gegebenenfalls auch ihre Kinder. Es entsteht ein Teufelskreis aus Zwängen, Gefangenschaft und Unterdrückung. Das unterschwellige Gefühl des Nichtgenügens bleibt bei vielen bestehen, selbst bei gut integrierten Migranten. Alles zusammen führt häufig zur Resignation. Flüchtlingsfrauen aus dem Nahen und Mittleren Osten finden sich nach ihrer Flucht erneut in einer Wüste. Einer Wüste der Angst und Verunsicherung: *„Werde ich hierbleiben dürfen? Werde ich meinen Platz in diesem neuen Land finden? Kann ich den Anforderungen gerecht werden? Lerne ich schnell und gut genug Deutsch? Werde ich in meiner Andersartigkeit akzeptiert? Kann ich mich hier leichter von meinem Peiniger trennen? Schaffe ich es dann finanziell?"*

Ukraine

Manche dieser Fragen stellen sich auch Frauen, die vor dem Krieg in der Ukraine geflohen sind. Auch von diesen Frauen hat Perlenschatz einige aufgenommen und befürchtet, dass einige Ukrainerinnen neues Leid erfahren

könnten, indem sie Menschenhändlern auf den Leim gehen, die ihnen bei ihrer Ankunft in Deutschland großzügig
eine Unterkunft anbieten.

Zurück zu den Betroffenen, die Perlenschatz meist be-
herbergt. Unter ihnen gibt es Kämpferinnen, die durch jah-
relange Unterdrückung und Gewalt stark geworden sind
– und den Ausstieg schaffen. Auch sie haben Sorgen, ihre Familie und ihr Ansehen zu verlieren, als Freiwild angesehen
zu werden. Aber ihre Sehnsucht nach Freiheit ist stärker.

Hagar

Rund 2000 vor Christus lebte die ägyptische Magd Hagar.
Sie war eine Leibeigene. Deshalb konnte ihre Herrin, die
Fürstin Sara, sie für ihre Pläne missbrauchen: Gott hatte
Sara, damals noch Sarai, trotz ihres hohen Alters und obwohl ihre „biologische Uhr" ablief noch einen Sohn versprochen. Er sollte der Stammvater eines Volkes werden,
„zahlreich wie die Sterne am Himmel". Aber der Erbe ließ auf
sich warten und so verlor sie das Vertrauen in die Verheißung eines eigenen Sohnes.

Sie half nach. Ihren Mann, den Patriarchen Abraham,
hatte sie gut im Griff. Er spielte ihr Spiel mit: Sie gab ihm
Hagar zur Ehefrau, damit diese den heiß ersehnten Sohn
für sie gebären sollte. Als ihr stolzer Plan aufging und
ihre Dienerin schwanger wurde, fühlte diese sich überlegen und sah verächtlich auf ihre Herrin herab. Mit diesen
Folgen hatte Sara nicht gerechnet. Sie bereute ihr eigen-
mächtiges Handeln. Ihr Misstrauen Gott gegenüber hatte

nur Streit verursacht. Ihren gehorsamen Mann erklärte sie zum Sündenbock. Die Schwangere kostete ihren Triumph aus – und das hatte seinen Preis: Sara drehte den Spieß um und demütigte ihre Rivalin so lange, bis die es nicht mehr aushielt und verzweifelt vor ihr in die Wüste floh.

Als Hagar gerade an einer Wasserquelle saß, wurde sie angesprochen. Von dem „Engel des Herrn" mit ihrem Namen, aber auch mit ihrem Titel: *„Hagar, Magd Sarais, wo kommst du her und wo willst du hin?"* Sie sprach aus, was er schon wusste: *„Ich bin von Sarai, meiner Herrin, geflohen."* Der Fremde forderte von ihr, dass sie zurückgehen, sich demütigen und Sarai unterordnen sollte. Aber das war jetzt nicht mehr wichtig. Denn gleichzeitig schenkte er ihr eine neue Perspektive, die sie stark machte, ihr Hoffnung und Kraft gab, die Repressalien ihrer Herrin zu ertragen: Sie, die ägyptische Sklavin Hagar, würde einen Sohn bekommen, sollte Erzmutter unzählbar vieler Nachkommen werden. Sie erkannte ihren Wert, ihre Identität. Die Begegnung mit dem lebendigen Gott änderte alles! Sie machte sie immun gegenüber menschlicher Unterdrückung, schenkte ihr Freiheit, eine innere Freiheit, die ihr niemand mehr nehmen konnte.

Ismael sollte sie ihren Sohn nennen. Das bedeutet „Gott hört". Denn Gott hat ihr Klagen gehört. Und der Engel beschrieb auch gleich den Charakter, den Ismael haben würde: *„Er wird ein Mann wie ein Wildesel sein; seine Hand wider jedermann und jedermanns Hand wider ihn, und er wird sich all seinen Brüdern vor die Nase setzen."*

Wer die vielen Unruhen und Konflikte in der arabischen Welt wahrnimmt und die Geschichten der Frauen darin hört, wird daran erinnert, dass sie die Nachkommen dieses „Wildesels" oder wilden Tieres sind. Dort will einfach kein Friede einkehren. Die ständigen Flüchtlingsbewegungen zeugen davon. Aber wen wundert's? Gott hat es vorausgesagt! Dennoch liebt er diese Menschen, wie sie sind, sieht ihre Bedürfnisse und erbarmt sich auch über sie.

Viele dieser Frauen, meist die Leidtragenden, fliehen vor dem Krieg, vor dem Mann, den sie heiraten sollen, oder vor dem, mit dem sie bereits verheiratet wurden, vor dem, der sie täglich beleidigt, vergewaltigt, misshandelt. Oder sie flüchten – wie Hagar – vor Demütigungen durch ihre Rivalinnen. Auch in Deutschland leben Menschen polygam. In einem Land, das sich freiheitliche Werte auf die Fahne schreibt.

Die Sklavin verstand plötzlich, wer der Fremde war. Sie rief auf seine Verheißung hin begeistert aus: „Du bist ein Gott, der mich sieht!" An seiner Autorität, daran, was und wie er zu ihr sprach, erkannte sie, dass er nicht nur ein Engel war, sondern Gott selbst.[15] Den Gott Abrahams und Saras kannte sie bisher nicht. Jetzt aber gingen ihr Augen und Herz auf: Der Allmächtige hat sich extra zu mir aufgemacht. Er hat mich ge-sucht und in meiner Wüste be-sucht! Er hat meinen Kummer gesehen. Weil ich ihm wichtig bin! Hätte er mich nicht mit Absicht gesucht, hätte er mich auch nicht gefunden!

---

15   Viele Bibelausleger sehen in „dem Engel des HERRN" keinen erschaffenen Engel, sondern Gott oder Jesus selbst, der sich einige Male auf der Erde in physischer Form, in Engelsgestalt, zeigte.

Töchter Ismaels

Und die heutigen Töchter Ismaels? Wie beantworten religiöse, muslimische Frauen nach dem Lesen der biblischen Geschichte über Hagar die Frage, ob sie sich von Gott wahrgenommen fühlen?

„Für mich ist die Geschichte von Hagar beruhigend für die Seele und stärkt mich als Frau. Ich glaube fest daran, dass Gott meine Sorgen genauso sieht wie die von Hagar. Er hat uns damals auf der Flucht gerettet, als unser Boot gekentert war und ich mit meinem Kind auf dem Arm zwei Stunden im Wasser war. Es ist so cool, dass er mich immer sieht! Ja, ich glaube es! Ohne ihn hätte ich keine Hoffnung."

„Ja, ich glaube, dass Gott mich sieht. Ich frage mich immer wieder, warum trotzdem so viel schiefgeht in meinem Leben. Aber ich glaube, das ist so, weil ich nicht das tue, was er gut finden würde für mich. Oft gehe ich falsche Wege und erkenne erst hinterher, dass er recht gehabt hätte."

Und wie sieht das eine Frau, die ohne Religion lebt?

„Dass es einen Gott gibt, der meine Nöte sieht, da bin ich mir nicht sicher. Was ich erreicht habe mit meinem Studium, meiner Familie, meinem erfolgreichen Leben, habe ich mir hart erkämpfen müssen. Ich lebe nicht religiös. Was nach dem Tod kommt, ist mir egal."

Eine ehemalige Muslima, die zum Christentum konvertierte, antwortet mit einer Geschichte:

„Meine Familie klagt mich an, dass ich daran schuld bin, dass mein Vater gestorben ist. Ich war traurig am Wochenende. Hatte mir Blumen gekauft und nicht aufgepasst; sie sind kaputt gegangen. Wie schade! Ich überlegte: Was kann ich machen? Da kam

eine SMS von einer Frau aus meiner Gemeinde mit der Frage, ob ich zu Hause bin. Fünf Minuten später war sie da. Sie hat einen richtig schönen Blumenstrauß mitgebracht! Dadurch sehe ich, dass Gott sich um mich kümmert. Das macht mein Herz ganz anders. Das macht mir Hoffnung. Gott hat mir diese Frau geschickt. Sie war wie ein Engel für mich. Manchmal denke ich, ich bin mit meinem Kind allein. Aber Gott weiß, was ich brauche, und hilft immer. Es ist ein großes Geschenk, dass wir Bekannte haben! Ich habe nicht einmal darum gebeten: Gott bemerkt mein Herz!"

Und Darija? Was sagt sie, während sie schluchzt und erzählt, wie kaputt sie ist, wie viele Kopfschmerzen sie hat von ihren quälenden Gedanken, ihrer Panik, von ihrer jahrelangen Flucht vor Krieg, Gefangenschaft und Tod? „Gott schützt uns alle." So hat sie es gelernt. Aber in ihrer Stimme liegt keine Zuversicht, weil sie den einzig wahren – den persönlichen – Gott noch nicht kennt. Nur einen, der täglich Rituale von ihr fordert und von dem sie trotzdem nicht weiß, ob er sie nach ihrem Tod ins Paradies lässt.

Möge „der Engel des Herrn" auch sie suchen und ihr in ihrem Schmerz begegnen.

Perlenschatz ist ein gemeinnütziger Verein, der Frauen aus Einwandererfamilien berät, die von häuslicher Gewalt betroffen oder von Zwangsheirat oder „Ehrenmord" bedroht sind. Das Ziel ist, sie in ein selbstbestimmtes Leben zu begleiten und „ihr Leben zum Strahlen zu bringen".
www.perlenschatz.info

GOTT SIEHT MICH! – SIEHT GOTT MICH? – WIRKLICH?!

Siegfried Eckstein

Hagars Erkenntnis: „Du bist ein Gott, der mich sieht"

Mit einem Kind unter ihrem Herzen sitzt Hagar in sengender Hitze der Wüstensonne – allein mit sich und ihrer trostlosen Situation. Verzweifelt und vermutlich wütend ist sie den Demütigungen und dem Mobbing ihrer Chefin und Herrin entflohen.

Wer ist diese Frau? Eine Sklavin. Ihr Name Hagar ist Programm: „die Fremde". Ursprünglich aus Ägypten kommend, ist sie in mehrfacher Weise die Fremde. In ihrem Herkunftsland wurde sie sicher mit unterschiedlichsten Gottheiten konfrontiert. Nach damaligem Verständnis war sie als Sklavin oder Magd ohne Besitz und völlig rechtlos zum absoluten Gehorsam und zur Unterordnung verpflichtet. Sie ist ohne Chance, jemals aus freien Stücken diesem Dienstverhältnis zu entkommen. Es war ein abenteuerliches und lebensbedrohliches Unterfangen, einfach zu verschwinden. Die absolute Verfügungsgewalt über sie und ihr Leben lag in der Hand ihrer Chefin. Eine Gewerkschaft oder einen Rechtsbeistand gab es nicht.

Die Situation und der Hintergrund des Geschehens sind

für uns heute schwer vorstellbar. Hagars Chefin Sarai war noch immer unfruchtbar. Trotz göttlicher Zusage, dass sich das ändern würde, war die Situation zu einer für sie unerträglichen seelischen Belastung geworden. Außerdem war damit die Erbfrage eng verknüpft und somit ungeklärt. Sarai konnte diese Spannung nicht langer ertragen und ergriff die Initiative. Für damalige Verhältnisse scheint es nicht unüblich und völlig legal, dass Sarai ihrem Mann vorschlug, ihre Magd Hagar zu schwängern. Sie sollte dann auf Sarais Schoß gebären, dadurch würde Sarai, nach damaligem Verständnis zur rechtmäßigen Mutter des Kindes.

Von einem Fremden wird Hagar nach ihrer Flucht in der Einsamkeit mit Namen angesprochen: *„Hagar, Magd Sarais, woher, wohin?"* Woher kennt er meinen Namen und meine Position? Wer ist dieser Fremde? Kurz, klar und trotzig gibt sie Antwort: *„Vor meiner Chefin, die mich ständig demütigt, bin ich abgehauen, ich habe mein Schicksal selbst ist die Hand genommen."*

Zur Analyse der Flucht wären manche Fragen nach den Hintergründen bedeutsam, nach Recht und Unrecht, Verachtung und Hochmut, Angst und Hass, Nachgiebigkeit und Sturheit, Selbstverstrickung und Heimtücke. Doch der Fremde erspart sich weitere Rückfragen. Er erteilt ihr aber eine sehr nüchterne und sicher schmerzliche Anweisung: *„Geh zurück, bejahe deine Situation und ordne dich unter."* Alles, nur das nicht, denkt Hagar, habe ich doch gerade das Joch der Knechtschaft und Unterdrückung abgeworfen und jetzt soll ich zurück? Doch bevor sie das womöglich formulieren kann, weitet der Fremde ihren Horizont. Woher weiß er um meine Schwangerschaft? Was ist das für eine Weissagung, dass es sich bei ihrem Kind um einen Sohn handelt und aus ihm ein großes Volk werden soll? Was bedeutet es, dass er einen ungestümen Charakter haben wird? Langsam geht ihr ein Licht auf. In ihrer Gottesbzw. Göttervorstellung kam dies bislang nicht vor. Hagar erkennt auf einmal, dass der Fremde ein Bote Gottes ist, des Gottes ihres Chefs und formuliert: *„Du bist ein Gott, der mich sieht."* Die ihr bislang bekannten Gottheiten waren handgemacht und bleiben stumm.

Zeitgenossen sagen: „Gott sieht mich! – Sieht Gott mich wirklich?"

Hagar begegnete einem zunächst für sie „Fremden". Aus ihrem Widerstand gegen ihn wurde Hörbereitschaft!

- Mose erreichte eine unsichtbare Stimme aus einem brennenden Busch. (2Mo 3,2)
- Der flüchtende Jona musste erst nass werden und Fischgerüche inhalieren. (Jon 1,15)
- Schlaf und Raben gebrauchte Gott, um den depressiven Elia wieder auf die Spur zu bringen. (1Kö 17,6)
- Das Versteck des Zachäus blieb Jesus nicht verborgen. (Lk 19,5)
- Ein Blick Jesu reichte aus, um Petrus zum Nachdenken zu bringen. (Lk 22,61)
- „Vater, siehst du mich? Ich bin verlassen", rief Jesus am Kreuz. (Mt 27,46)
- Jesus war sich nicht zu schade, den Zweifler Thomas seine Wunden fühlen zu lassen. (Joh 20,27)

- Die Blendung seiner Augen war erforderlich, um Saulus / Paulus zu einer neuen Sicht zu führen. (Apg. 9,8)

Bonhoeffers Gebet in Bedrängnis

„Gott, zu dir rufe ich. Sammle meine Gedanken, hilf mir zu beten;

ich kann es nicht allein. In mir ist es finster, aber bei dir ist das Licht;

ich bin einsam, aber du verlässt mich nicht; ich bin kleinmütig, aber bei dir ist die Hilfe; ich bin unruhig, aber bei dir ist Friede; in mir ist Bitterkeit, aber bei dir ist die Geduld; ich verstehe deine Wege nicht, aber du weißt den Weg für mich. Dir sei Ehre in Ewigkeit."

Du und ich denken heute: „Gott sieht mich! – Sieht Gott mich wirklich?"

Wie ist das mit der Gewissheit, mit meinem Vertrauen: *„Du bist ein Gott, der mich sieht"*? Stimmt das und vor allem: Trägt dies?

Kindheit

In frühester Kindheit war es beruhigend für mich, mit dem Abendgebet „Gott wacht über mich" einzuschlafen! Einige Zeit später war es der kindliche Gedanke: „Wenn ich meine Augen zuhalte, werde ich nicht gesehen, auch nicht von Gott" oder auch: „Wenn die Vorhänge in meinem Zimmer zugezogen sind, ist Gott der Durchblick verwehrt".

Und dann gab es auch Zeiten, in denen die Aussage *„Du bist ein Gott, der mich sieht"* aufgrund eigener Vater-Erfahrungen mit Bedrohung bzw. Strafe verknüpft war. Inzwischen haben sich diese Entwicklungsphasen verändert. Doch es ist wie im richtigen Leben, Krisenzeiten blieben auch mir nicht erspart. Half mir dann der Gedanke „Gott sieht mich"? Ich muss gestehen, es gab Zeiten, in denen mir diese Zusage fragwürdig geworden war, mit massiven Zweifeln einherging und zuweilen bedrohlich klang.

Noch haben wir die Coronapandemie mit all ihren Einschränkungen nicht vollständig überwunden. Das Einander-sehen-Können wurde mitunter hart auf die Probe gestellt, zeitweilig sogar unterbunden oder auf ein Minimum reduziert. Die große Sehnsucht, einander wieder in Präsenz zu begegnen, bekam auf einmal einen enorm hohen Stellenwert. Wir merkten den Mangel, da wir auf Beziehung angelegt sind. Die wertvollen technischen Hilfsmittel wie Telefon, SMS, Bildschirm, Videostreaming etc. – so hilfreich sie sind – können eine persönliche Begegnung nicht umfassend ersetzen.

„Sawubona" ist eine gebräuchliche Begrüßung in der Zulusprache (einem Stamm in Südafrika) und bedeutet so viel wie „Ich sehe dich". Die Antwort darauf ist oft „Yebo sawubona", was so viel bedeutet wie „Ich sehe, dass du mich siehst". Wie wertvoll ist es im menschlichen Miteinander, wahrgenommen und gesehen zu werden. Wenn dies schon in menschlicher Begegnung so ist, wie viel mehr ist dann tief in uns die Sehnsucht verborgen, vom lebendigen Gott, dem Schöpfer und Erhalter unseres Lebens, gesehen und wahrgenommen zu werden.

Krieg

Während ich dies schreibe, fallen in der Ukraine Bomben, sind Menschen auf der Flucht und werden beschossen. Familien werden getrennt, Menschen sitzen in Kellern oder U-Bahnstationen, es fehlt an Wasser, Nahrung, Strom. Kinder erblicken in Kellern das Licht der Welt, Kranke und Gebrechliche können, wenn überhaupt, nur notdürftig versorgt werden, alte Menschen werden vom Trauma des letzten Krieges überrollt und vieles mehr. Zugleich ist die Hilfsbereitschaft überwältigend, und viele der unterschiedlich Betroffenen treibt mit Sicherheit vermehrt die Frage um: „Sieht er mich? Wirklich?"

Eigentlich würde ich hier allzu gerne aufhören zu schreiben. Wo soll ich hin mit meiner Ratlosigkeit und Wut? Was soll ich antworten auf die Frage „Gott, wo bist du"? Solche Fragen haben ja nicht nur die, die sich sonst überhaupt nicht für Gott interessieren, auch ich frage: „Weshalb nimmst du den scheinbar Mächtigen nicht ihre vermessene Entscheidungsfreiheit?"

Hagar

Doch zurück zu Hagar. Ihre überraschend neue Sicht, *„Du bist ein Gott, der mich sieht"*, bedeutet ja mehr als die Aneinanderreihung von sieben Worten. Es ist die Erkenntnis, auch in meiner Not und Ausweglosigkeit (an-)gesehen zu werden, völlig unabhängig von meinem Aussehen, und es ist scheinbar kein Versehen. Bedeutet dies dann nicht auch: Gott liebt mich? Und in der Folge: Gott bewegt mich? Selbst wenn der Rückweg schmerzlich ist, erahnt Hagar sicher, dass dahinter eine Liebesabsicht stehen muss. Wer sie so wahrnimmt, begleitet sie sicher auch auf der nächsten Etappe.

Heute

Gilt das auch 2023 und welche Relevanz hat das für meinen Alltag? Nachfolgend ein für mich einschneidendes Erlebnis:

Als Hilfspfleger innerhalb meines Zivildienstes war ich im Krankenhaus auf einer gemischten Station für die Versorgung einiger Männer zuständig. Nach Feierabend las ich „meinen Männern" immer noch einen Gedanken zur Nacht vor, zum Beispiel einen Psalm. Ein Mann, zu einer Loge gehörend, ließ das über sich ergehen, machte aber keinen Hehl aus seiner weltanschaulichen Sicht. Sein Zustand (Lungenkrebs) verschlechterte sich zusehends, und seine Schmerzen nahmen rapide zu, sodass er in ein Einzelzimmer verlegt werden musste. Auch dort las ich ihm mit seiner Erlaubnis immer einen Gedanken für die Nacht vor. Seine Schmerzen nahmen so stark zu, dass er ständig seine Notrufklingel betätigte. Die Häufigkeit des Notrufes steigerte sich fast ins Minütliche. Meine Ratlosigkeit wuchs zusehends, da ich ja nur für die pflegerische und nicht die medizinische Begleitung zuständig war, doch ich musste dem Notrufsignal folgen. Kurz vor seinem Ableben stellte er mir die Frage: „Wissen Sie, was Sie aus mir gemacht haben?" Und er antwortete selbst. „Einen der Ihren." Das war seine kurze Antwort, denn mehr Kraft hatte er nicht. In und durch meine Ratlosigkeit bewirkte der himmlische Vater bei einem Menschen: *„Du bist ein Gott, der mich sieht."* Welch ein Geschenk, als Wegbegleiter unterwegs zu sein.

Trotz solcher Erlebnisse ist die Gewissheit *„Du bist ein Gott, der mich sieht"* ein kostbares Geschenk, aber nie frei von Zweifeln. Was ist, wenn diese Aussage mich nicht mehr erreicht, weil die Stürme des Alltags mich überrollen, Überbeanspruchung, Beziehungsverlust, Krankheit, eine niederschmetternde Diagnose, finanzielle und andere Sorgen ... und mir diese Überzeugung geraubt haben? Bin ich dann allein unterwegs oder gibt es Menschen, die mit mir auf dem Weg sind? Ja, es gibt und gab Wegstrecken, bei denen mir sehr deutlich wurde, dass ich mich nicht „am eigenen Schopf herausziehen" konnte. Ich kann mir den Zuspruch nicht selbst sagen. Ich benötige den „Fremden" bzw. den „Nahen", der mit mir auf dem Weg ist und auch bleibt. Als ich dies verinnerlicht hatte, machte ich mich immer wieder auf den Weg zu dem „Fremden". Mut, Offenheit, Verbindlichkeit waren erforderlich, den „Fremden" in mein Leben schauen zu lassen. Die vermeintliche Schwäche wurde zur Stärke, weil sich oft der Horizont wieder lichtete. Auch nach Strecken der Dunkelheit leuchtet das Licht wieder auf: *„Du bist ein Gott, der mich sieht."* Dies ist keine leichte, aber eine hilfreiche Erfahrung.

Zwei weitere Beispiele

Nach einer Jugendstunde verabredete ich mich mit einem ca. zehn Jahre Jüngeren zum Waldlauf. In unseren Verschnaufpausen redeten wir über Gott und die Welt. Eine geballte Ladung an Zweifel über die Schöpfungsberichte, wissenschaftliche Erkenntnis, die Schreckensgeschehnisse in Vietnam, das Versagen der Christenheit und vieles mehr brach aus ihm heraus. Mir blieb es, ihn anzusehen und ihm zuzuhören, weil ich auf viele seiner Fragen und Anklagen keine Antwort hatte. Bevor wir uns verabschiedeten, sagte ich ihm: „Ich bete für dich zu dem Gott, der sich in Jesus offenbart hat, dass er dir in deinen Fragen beisteht." Jahre später fand er seinen Weg und kam zur Erkenntnis: *„Du bist ein Gott, der mich sieht."* Dankbar schenkte er mir ein Buch mit der persönlichen Widmung „Du gehörst Gott."

Meine Mutter war eine lebensbejahende, betende, im Glauben an den dreieinigen Gott lebende Person. Sie hatte diesen Satz *„Du bist ein Gott, der mich sieht"* in ihrem Leben häufig zu buchstabieren. Mit mir unter ihrem Herzen musste sie des Öfteren aufgrund von Bombenangriffen in den Keller bzw. Bunker gehen. Durch die Kriegsgeschehnisse verlor sie ihre Selbstständigkeit und musste alles an äußerer Habe zurücklassen. Der Neustart in völlig anderem Umfeld und mit anderer Tätigkeit erwies sich als extrem schwierig. Den Weg zu ihrer Überzeugung *„Du bist ein Gott, der mich sieht"* musste sie sich bis ins hohe Alter immer wieder bestätigen lassen. Als ihre Kräfte immer weniger wurden und sie gerne diesen Planeten verlassen wollte, konnte sie auch zweifelnd fragen: „Stimmt das tatsächlich noch für mich: ‚Du bist ein Gott der mich sieht'?" Wie wichtig wurde ihr hier erneut der „Fremde" als Wegbegleiter, um das segnende Wort zuzusprechen, wenn die Schatten des Zweifels das Licht und den Blick verdunkelten.

Ein Gott, der mich sieht

Die Art und Weise des himmlischen Vaters, mir diese Erkenntnis – *„Du bist ein Gott, der mich sieht"* – erstmalig und wiederholt deutlich zu machen, ist sehr vielfältig. Gottes Originalität ist nicht zu überbieten: Da ist das kindlich vertrauensvolle Gebet, die Beschäftigung mit den Worten der Bibel, der Austausch mit Menschen, die in dieser unvollkommenen und gebrochenen Welt auf dem Weg der Jesus-Nachfolge sind. Sein Geist, als Tröster, Begleiter, aber auch als Erinnerer, tut das seine. Meine Hörbereitschaft ist immer wieder neu gefragt. Gleichzeitig sind es auch Situationen der Bewahrung, Ermutigungen oder auch Ermahnungen des „Fremden" gehören zu den Signalen. Über meinem Schreibtisch habe ich ein Kruzifix. Manchmal wende ich in stillem Innehalten meinen Blick dem Gekreuzigten zu und verweile in Gedanken und in Gesprächen mit ihm. Oft hilft mir dieser Blick- und Gesprächskontakt wieder neu zu der Überzeugung: Jesus, du bist ein Gott, der mich sieht!

„Jesus, du sahst trotz der schmerzvollen, unvorstellbaren Situation am Kreuz den neben dir Hängenden und hattest ein Wort des Segens für ihn. Du sahst deine Mutter und den Jünger Johannes und hattest ein wegweisendes, segnendes Wort für sie beide. Danke, dass du auch mich siehst."

Mir ist bewusst, dass Not nicht zwangsläufig zum Beten, sondern leider auch zum Fluchen führen kann. Auch Hagars Begegnung endete nicht mit einem Schlusspunkt. Sie benötigte in ihrem weiteren Leben erneut den „Fremden" und seine Wegweisung. Auch ich befinde mich im Nachhilfe-Club der Lernenden. Gerne will ich mich dort aufhalten, um immer wieder neu zu buchstabieren: *„Du bist ein Gott, der mich sieht."*

WIE GOTT AUF SOCIAL MEDIA SICHTBAR WIRD

Sem Dietterle

Unter vielen meiner Videos schreiben Menschen: „Gott gibt es nicht!", andere kommentierten: „Lass mich in Ruhe mit Gott!" oder: „Christen nerven!". Manchmal mischt sich eine kreativere Kritik darunter: „Ich benutze die Bibel als Klopapier." Andere schreiben genervt: „So ein Schwachsinn!" Mit einem Team von jungen Erwachsenen stellen wir täglich Videos auf die Social-Media-Plattform TikTok. Ich leite die evangelistische Social-Media-Arbeit von *truestory*, der Jugendschiene von *proChrist e. V.* Wenn ich Freunden die vielen Kommentare zeige, schaue ich oft in fragende Gesichter. Warum machst du das? Wie hältst du das aus? Meine Antwort könnte ich mit den Worten der Jahreslosung geben. Ich will den Menschen zeigen, dass Gott sie sieht.

Wenn Hagar auf TikTok wäre

Hinter jedem Kommentar, ob er kritisch oder freundlich ist, steckt eine Person mit einer Lebensgeschichte. Wenn wir bei *truestory* auf kritische Kommentare reagieren, tun wir das mit größter Offenheit für die Person, egal was sie geschrieben hat. Einmal schrieb ein Mädchen, dass Gott und Religion nur Schlechtes bringen könnten. Wir reagierten, wie so oft, mit der Frage, wie sie zu dieser Haltung komme und warum sie so denke. Ihre und viele ähnliche Antworten überraschen uns immer wieder. Sie beschrieb in wenigen Sätzen, dass sie christlich erzogen wurde, aber aufgrund von Krankheit und Depression Zweifel am Glauben bekommen hatte. Wütend wandte sie sich vom Glauben ab. Auch wenn die Tür zu diesem Leben nur einen kleinen Spalt für uns offen stand, sahen wir einen Menschen mit Verletzungen und Enttäuschungen.

Hätte Hagar damals TikTok gehabt, hätte sie vielleicht ähnlich kommentiert: „Der Gott Abrahams kann mir gestohlen bleiben. Sara, die Gläubige, hat mich in die Flucht getrieben. Mit ihrem Gott will ich nichts zu tun haben." Hagars Situation ist vergleichbar mit der so vieler Menschen. Sie laufen vor ihrem Leben davon und sind umgeben von Einsamkeit; sie haben das Gefühl, allein in der Wüste zu stehen. Die Enttäuschungen des Lebens lassen sie bitter werden, und ihnen fehlt jegliche Perspektive.

Die Hagars unserer Zeit brauchen einen Gott, der sie aufsucht und ihrem Leben neue Kraft und Richtung gibt. Ein Zugang dazu besteht über die sozialen Medien. Natürlich werden die Plattformen nicht nur von zerbrochenen und einsamen Menschen benutzt, sondern von der Allgemeinheit. Heute sind die sozialen Medien das Wohnzimmer der jüngeren Menschen. Ein Freund von mir hat bewusst den Begriff „Wohnzimmer" eingeführt, da es das Lebensgefühl vieler Menschen beschreibt. Dort unterhält man sich und sucht Gemeinschaft. Man genießt die Ablenkung und bleibt auf dem Laufenden ähnlich wie früher am Feierabend vor dem Fernseher. Die sozialen Medien gehören zum Leben. Dort findet Leben statt. Ein bekannter Drehbuchautor, Robert McKee, schreibt in seinem bekanntesten Werk „Story", dass wir Menschen Tag für Tag nach einer Antwort suchen für „die zeitlose Frage, die Aristoteles in der Nikomachischen Ethik stellt: Wie soll ein Mensch sein Leben führen?".

Der Bezug zu filmischer Unterhaltung kann meiner Meinung nach übertragen werden auf die sozialen Medien. Hinter der Berieselung durch Medien findet sich die Frage, wie Leben gelingen kann. Während des Konsums von Social-Media-Inhalten vergleichen wir uns mit Menschen in Abgrenzung oder Annahme ihrer Ansichten und ihres Verhaltens. Wir verhalten uns dazu. Erst einmal digital, aber dann auch im analogen Leben. Und daran sehen wir, wie diese Medien Einfluss auf uns haben. Auf unser Denken, Verhalten und zuletzt auf unser Leben.

Jesus sagt: Seid sichtbar vor den Menschen im digitalen Raum.

Früher habe ich öfter die Aussage gehört: „Die einzige Bibel, die manche lesen werden, sind wir Christen." Aufgrund der neuen Kommunikationsformen will ich diesen Satz erweitern: „Die einzige Bibel, die manche sehen werden, sind Christen, die online sichtbar sind." Es ist klar, dass nicht jeder die Berufung hat, ein Digitalpastor oder Ähnliches zu sein, aber wir brauchen sie dennoch. Es gibt Menschen, die würden nie einen Fuß in ein Gemeindehaus setzen, aber einen YouTube-Kanal der Gemeinde würden sie besuchen. Auf TikTok erhalten wir viele Kommentare von Nichtchristen, die dies exakt so bestätigen. Ihre Vorurteile und Vorbehalte gegenüber Kirche sind so groß, dass sie jegliche Berührung meiden. Aber aufgrund unserer Videos reagieren sie mit einem Kommentar, und wir kommen mit ihnen ins Gespräch.

Leider begegnet mir sehr häufig eine ganze Palette von Gründen, warum Menschen nicht in den sozialen Medien als Christ oder Christin sichtbar werden wollen. Meist steht im Hintergrund eine Form von Angst. Angst davor, komisch zu wirken, angreifbar zu werden, den Datenschutz zu verletzen, für Inhalte brüskiert zu werden und vieles mehr.

Gott sandte einen Engel zu Hagar, um ihr seine Botschaft zu sagen. Wir wissen, dass dort „Bote" steht und Hagar nicht erschrocken war von der Erscheinung. Ja, Gott sendet Engel, aber auch manchmal ganz menschliche Boten. Jesus fordert uns auf, Boten zu sein mit dem bekannten Satz: *„Ihr seid das Licht der Welt"* (Mt 5,14). Die Nachfolger von Jesus werden hier autorisiert, dass sie als Menschen mit allen Macken und Eigenheiten sichtbar werden sollen. Wer Jesus folgt, soll sich zeigen, und für manche gilt das heute auch digital. Wenn wir den Zuspruch Jesu ernst nehmen und uns zusprechen lassen: *„Ich bin das Licht"*, dann folgt daraus die persönliche Sicherheit: Ich habe den Mut, mich öffentlich so zu geben, wie ich bin, trotz meiner Ängste. Ich habe den Mut, mich selbst in die Öffentlichkeit zu stellen.

Ein zutreffender Einwand ist, dass Jesus sicher nicht in den Kontext des digitalen Raums sprach. Um das Gleichnis vom Licht zu erklären, verwendet Jesus aber einen alltäglichen Bezug zu damals modernster Technik. Er beschreibt es mit dem Licht in einem Haus, das nicht verdeckt werden soll, sondern auf einen Lampenständer gestellt werden muss. Jesus sagt nicht: „Macht es wie die Urmenschen und zündet ein Lagerfeuer an." Mit heutigen Worten könnte Jesus sein Gleichnis so erklären: „Nutzt die aktuelle Technik des Erleuchtens in euren Räumen!" Denn sicher ist die Art des Ausleuchtens, wie Jesus sie beschreibt, dank der neueren Technik besser als frühere Methoden. Die technische Erfindung der damaligen Zeit brachte Vorteile, die Jesus selbstverständlich nutzte. Daher drücken die Verse für mich aus, dass wir uns sichtbar machen sollen mit den aktuellen Möglichkeiten, die uns zur Verfügung stehen.

Konkret sah das bei mir so aus, dass ich schon im Jahr 2019 die damals noch junge Plattform TikTok hoch spannend fand. Denn ihre Funktionsweise unterschied sich grundlegend von allen anderen Plattformen. Man könnte meinen, der Algorithmus sei für evangelistische Zwecke erschaffen worden. Videos werden nämlich nicht nur der eigenen Followerschaft angeboten, sondern zufällig an Menschen, die diese App nutzen. Egal wie groß der eigene Account ist, ein Video kann, sofern es den Nerv der Nutzer trifft, viral gehen. Wir erleben das so, dass viele unserer Videos wesentlich öfter angeschaut werden, als wir Abonnenten haben. Einige Videos wurden über 500.000-mal angeschaut. Viele andere über 50.000- oder 100.000-mal. Die Reichweite ist enorm und die Stärke des Algorithmus ist es, diese Videos nicht nur an Christen, sondern an alle möglichen Menschen auszuspielen, die ganz unterschiedliche Bezüge zum Glauben haben.

Warum eine digitale Begegnung echt ist

„Was ist aber eine digitale Begegnung wert?", fragen sich nach wie vor viele Leitende aus Gemeinden und Werken. Wen sehen die Menschen, wenn sie online eine Verkündigung anschauen? Es ist ja keine wirkliche Begegnung. Die Menschen verfolgen „nur" ein digitales Bild. Bei meiner letzten Konfirmation in unserer Gemeinde brachte eine Konfirmandin ihre Freundin aus der Schule mit. Diese Freundin erkannte mich, weil sie mich schon einmal auf TikTok gesehen hatte. Sie war überrascht, mich nun in echt zu sehen. Für sie war das Treffen mit mir keine Erstbegegnung. Oft erlebte ich Ähnliches, wenn ich in anderen Gemeinden predigte. Immer wieder kamen Menschen auf mich zu und sagten mir wörtlich: „Ich kenne dich!", und schoben den Satz nach: „von Instagram – du kennst mich vermutlich nicht". Ganz sicher kennt mich die Person nicht wirklich. Sie kennt nur meine Selektion der Dinge, die ich online stelle. Bemerkenswert ist dabei, dass bei ihr aufgrund der digitalen Begegnung das Gefühl entsteht, mich zu kennen. Letztlich steht ein Erlebnis dahinter, das die Person online gemacht hat. Sie erlebt einen Online-Gottesdienst, ein Kurzvideo oder eben eine Interaktion via Chat. Die Begegnung ist digital, aber für die Person bedeutet es einen realen Unterschied, wenn eine analoge Begegnung folgt. Deshalb unterscheide ich zwischen „analoger" und „digitaler" Begegnung, aber nicht zwischen „echt" und „unecht". Eine analoge Begegnung hat immer eine höhere und andere Qualität, das ist klar. Eine digitale Begegnung bewerte ich anders, um zu sagen, dass sie „echt" ist. Welchen Einfluss habe ich online? Kann ich Influencer sein? Wenn am anderen Ende der digitalen Interaktion eine Person sitzt und ihr Denken, Handeln oder Fühlen verändert wurde, durfte ich „Licht" sein. Die digitale Begegnung war echt in dem Sinne, dass sie von Gott gebraucht wurde oder dass eine reale Veränderung stattgefunden hat.

Der digitale Bote ist irrelevant

Wenn im digitalen Raum Menschen zu Boten Gottes werden sollen, weil sie etwas verkündigen, gibt es oft viele Fragen: Wo sind die echten Begegnungen mit den Menschen? Wie ist das mit der menschlichen Interaktion? Was ist, wenn meine Botschaft nicht ankommt, weil ich nicht körperlich vor Ort bin? Was ist mit dem Personenkult, der in den sozialen Medien so groß ist?

Eine Besonderheit an der Begegnung von Hagar und dem Engel ist die, dass der Engel so sprach, als ob er Gott wäre. Der Bote sprach nicht zu Hagar: „Gott sagt zu dir", denn das, was der Engel sagte, war direkte Rede Gottes. Damit verschwindet der Bote fast gänzlich aus dem Dialog. Beim Lesen könnte man meinen, Hagar spräche direkt mit Gott. Ist das nicht unser Auftrag? Ein Bote zu sein, der nicht sichtbar ist?

Der Engel zeigte Hagar auf, dass sie von Gott gesehen wird. Ob der Bote Hagar sieht oder nicht, ist irrelevant. Und ob Hagar sieht, welcher Bote vor ihr steht, ist auch irrelevant.

Diese Grundhaltung ist für mich in den sozialen Medien

höchst wichtig. Ein befreundeter Influencer mit sehr großer Reichweite bemerkte selbst, dass sich in seiner Welt alles um Personenkult dreht. Der Mittelpunkt sind die Influencer, die sich präsentieren müssen. Einen Weg zu finden, sodass man als Influencer selbst verschwindet, ist schwer, denn die sozialen Medien fördern es, wenn Menschen sich zeigen und in den Mittelpunkt stellen. Mich und viele andere betrifft das Problem der großen Influencer nicht direkt. Doch alle Social-Media-Plattformen funktionieren umso besser, je mehr Persönliches und Privates gezeigt wird. Das sind die Mechanismen. Deshalb besteht die Herausforderung, einen Weg zu finden, sich als Person zu zeigen und „Licht" zu sein, aber gleichzeitig ein Bote zu sein und irrelevant zu werden, weil die Botschaft vor den Boten tritt.

Es braucht mehr digitale Verkündigung

Einer von mehreren Gründen, warum ich damals angefangen habe, digital und vor allem auch öffentlich digital über den Glauben zu sprechen, waren die vielen theologisch dünnen und krummen Beiträge, die mir immer wieder angezeigt werden. Sicher, es gibt viel Gutes. Aber auch etliches andere. Warum werden radikale oder provokante Inhalte häufiger geklickt? Warum steht das Internet in so starker Kritik, weil sich dort Extreme breitmachen. Die Antwort dazu ist nicht eindeutig. Zum einen beobachtet man, dass die Algorithmen der sozialen Medien die Extreme fördern. Zugleich aber klicken die Menschen lieber und häufiger auf plumpe Inhalte als auf ausgewogene. Die

Lust an Extremen steckt in uns. Die Bequemlichkeit, einfache Antworten in kurzer Zeit zu erhalten, ist groß.

Was ist die Lösung? Sich herauszuhalten und damit diesen bösen Mechanismen zu trotzen? Öfter habe ich in Seminaren die Frage erhalten, ob man dieser Maschinerie der sozialen Medien überhaupt Aufmerksamkeit schenken dürfe. Wir sollten besser als gutes Vorbild vorangehen und das alles meiden. Meine Antwort ist immer eine Gegenfrage: Sind wir wirklich ein Vorbild, wenn wir uns heraushalten? Denn ein Vorbild sind wir nur dann, wenn wir Nachahmer finden. Und ich wette, dass durch mein Vorbild kaum ein Mensch die sozialen Medien boykottiert. Die gesellschaftliche Relevanz ist zu groß. Wenn mich also keiner nachahmt, bin ich kein Vorbild, sondern einfach nur raus aus der Welt, in der sich der Rest wohlfühlt und prägen lässt. Für mich stellte sich daher eine ganz andere Frage:

Wenn das Internet, Videos und Blogs eindeutig Einfluss auf unsere Gesellschaft haben, wie kann ich mitprägen? Wie kann ich meinem Auftrag, Bote zu sein, nachkommen? Wie kann ich gesunde Inhalte ohne Extreme so präsentieren, dass sie gerne geschaut werden? Welche Wege gibt es, dass ich trotz Datenschutzproblemen Gottes Stimme hörbar machen kann?

Wer bewusst digital verkündigen möchte, benötigt den Mut, eine reflektierte Theologie öffentlich zu vertreten, die Standhaftigkeit, Kritik zu erhalten und damit umzugehen, sowie die Größe, sich selbst nicht zu wichtig zu nehmen. Aber es geht. Und viele machen die Erfahrung, dass es weniger Kritik hagelt als erwartet, dass sie im Gegenteil viel Zuspruch hören.

Bei YouTube und Google gibt es einsehbare Analysen, wie häufig nach Begriffen gesucht wird. In unserem Kontext sind Begriffe wie Leid, Trauer oder die Bibel ein Dauerbrenner. Diese Themen werden täglich hundertfach gesucht. Und das ganz sicher nicht aus Langeweile, sondern weil Menschen auf der Suche sind. Umso wichtiger ist es, dass unsere Inhalte auffindbar sind. Meistens wird die Tatsache, dass ein Video dauerhaft online steht, als Nachteil ausgelegt. Denn die eigenen Worte können überprüft und auf die Goldwaage gelegt werden. Jedoch darf der Vorteil nicht unterschätzt werden. Selbst in kleinen Gemeinden mit kleinerer Reichweite besteht der Vorteil, dass Verkündigungen auffindbar sind. Wenn ich eine Predigt zum Thema Leid halte, dann werden einige aus der Zuhörerschaft das Thema spannend finden, aber die Thematik betrifft sie im Moment nicht persönlich. Sobald eine Botschaft online steht und auffindbar ist, können Menschen zu einem späteren Zeitpunkt, wenn sie Leid erfahren, diese Botschaft nachhören und werden in ihrer Lebenssituation angesprochen.

In meiner digitalen Arbeit sehe ich große Chancen, Menschen neu zu erreichen oder sie zu begleiten. Das digitale Leben ist nie gleichwertig mit einem persönlich-physischen, aber dennoch ist es die Realität vieler Menschen, und es ist Realität, dass Menschen sich zutiefst im digitalen Umfeld prägen lassen. Ich wünsche mir daher, dass Kirchen, Gemeinden und Organisationen den Mut finden, hier neue Wege zu gehen. Wir sind noch lange nicht am Ende der Möglichkeiten angelangt. Es werden noch Dinge kommen, deren Chancen wir noch nicht einmal sehen. Aber es wird sie geben.

AUF DER FLUCHT VON GOTT GESEHEN – EIN LEBENSBERICHT

Gholamreza Sadeghinejad

Es kommt öfter einmal vor, dass Menschen mich nach meiner Lebens- und Glaubensgeschichte fragen, aber es ist das erste Mal, dass ich davon auch in einem Buch erzähle. Tatsächlich passt der Kontext der Jahreslosung gut zu meiner Lebensgeschichte. Daher teile ich sehr gerne etwas von dem mit, was ich die letzten Jahre im Iran, auf meiner Flucht und in Deutschland erlebt habe.

Zunächst einmal muss ich zugeben, dass die Jahreslosung nicht nur positive Gefühle in mir auslöst. Heute geht es mir supergut (und dafür bin ich sehr dankbar!), aber meine Flucht aus dem Iran war keine schöne Zeit in meinem Leben. Unsere christliche Untergrundgemeinde im Iran wurde aufgedeckt, und das bedeutete für mich schwerwiegende Veränderungen. Auf meiner Flucht aus dem Iran musste ich viel Leid ertragen. Und dann waren da diese Fragen: Jesus, wenn du mich doch siehst, warum muss ich so viel Leid durchmachen? Jesus, wenn du mich doch siehst, wo bist du gerade? Wo warst du überhaupt die letzten 30 Jahre meines Lebens? Und Jesus, wenn du uns doch siehst, warum ist unsere Gemeinde damals aufgeflogen – warum hast du das nicht verhindert?

In Deutschland angekommen, begann ich meine theologische Ausbildung im Johanneum in Wuppertal. Hier fiel der starke Satz: „Theologie ist Biografie." Ich bringe also automatisch meine eigene Geschichte mit, wenn ich die Jahreslosung höre, das verstehe ich jetzt. Und genau wegen meiner Biografie tun sich gemischte Gefühle bei mir auf, wenn ich die Jahreslosung höre. Um das zu vertiefen, möchte ich nun in Auszügen aus meinem Leben erzählen und daran verdeutlichen, wie die Jahreslosung zu verschiedenen Zeiten verschiedene Reaktionen in mir ausgelöst hat.

Meine Zeit im Iran

Ich wurde im Jahr 1979 geboren. Während der islamischen Revolution musste der Schah (König) aus dem Iran fliehen, und stattdessen kam Ayatollah Khomeini, der islamische Revolutionsführer, an die Macht. Das hat vieles im Land verändert und leider nicht sonderlich viel zum Guten. Viele Machthaber sind gläubig und stellen den Islam über alles. Meine Eltern sind ebenfalls gläubige Muslime, und für sie war es immer besonders wichtig, dass sie uns Kinder nach strengen islamischen Regeln erzogen. Im Gegensatz zu meinen anderen zwei Brüdern, meinen Freunden und auch anderen Kindern in der Verwandtschaft hatte ich von Anfang etwas dagegen und habe schon immer heftig rebelliert. Warum genau, kann ich gar nicht sagen. Beten und Fasten waren einfach nicht meine Sache und so wurde ich relativ schnell zum schwarzen Schaf in unserer Familie, denn für religiöse Menschen hatte ich nicht sonderlich viel übrig.

Im islamischen Kontext spielte die aktuelle Jahreslosung schon immer eine bedeutende Rolle in meinem Leben – wenn auch auf eine ganz andere, ziemlich negative Art und Weise. Immer bekam ich von meinen Eltern, Verwandten und islamischen Lehrern den Satz an den Kopf geworfen: „Gott sieht dich! Allah ist überall, und er beobachtet jeden deiner Schritte. Wenn du nicht betest und in der Fastenzeit heimlich auf dem Klo isst, ist er da und sieht dich. Er wird dich dann bestrafen." Ich habe diese Sätze gehasst. Ich habe diesen strengen Gott gehasst. *Der Gedanke, dass Gott bei jedem Schritt bei mir ist und seine Augen mich ständig sehen können, hat mich wütend gemacht. Dass Gott mich sieht, war für mich mit Strafe verbunden, und damit hatte ich ein Problem.* 2007 hat sich etwas in meinem Leben verändert. Ich wurde in einer Firma angestellt, deren Chef ein Iraner mit amerikanischer Staatsangehörigkeit war. Das Besondere: Er glaubte an Jesus Christus. Beim Vorstellunggespräch fragte er mich, ob ich gläubig sei! Diese Frage ist im Gegensatz zu Deutschland im Iran bei Vorstellungsgesprächen ganz normal. Ich habe darauf geantwortet: „Ich glaube weder an Allah noch an Mohammad und auch nicht an andere solche Geschichten." Innerlich wusste ich, dass ich mit dieser Antwort aus dem Unternehmen fliegen konnte, doch meine Antwort gefiel dem Chef erstaunlicherweise. Vielleicht deshalb, weil ich ehrlich war. Er hat mir dann erzählt, dass er selbst ein gläubiger Muslim war und früher mit seiner Familie im Iran lebte. Dann begann der Krieg zwischen dem Iran und dem Irak – er floh in die USA und wurde Christ. Allein, dass er mir das erzählte, war gefährlich für ihn, denn im Iran ist es offiziell verboten, mit Muslimen über den christlichen Glauben zu sprechen. Aber zum Glück hatte mein Chef diesen Mut.

Mein Verhältnis zu gläubigen Menschen blieb trotzdem weiter kompliziert. Ich provozierte, stichelte und machte mich über sie lustig. Ich wollte ihnen mit allen Mitteln aufzeigen, dass sie sich alles nur einbildeten und es keinen Gott gab. Eine Arbeitskollegin jedoch imponierte mir – ich provozierte, sie blieb ruhig. Ich machte mich lustig, sie ließ sich nicht verletzen. Sie war Christin, und sie sagte zu mir den bewegenden Satz: „Mein Gott braucht keine Beschützer. Du kannst 24 Stunden hier vor mir stehen und ihn beleidigen, mich stört es nicht." Erst machte mich ihre Reaktion wütend, doch dann machte sie mich neugierig. So eine Reaktion kannte ich bisher noch nicht von Menschen, die ich aufgrund ihres Glaubens beleidigte. Ich wollte das Buch lesen, in dem sie auch las: Ich wollte die Bibel lesen.

Und tatsächlich schenkte meine Kollegin mir heimlich ein Johannesevangelium. Ich ging sofort in mein Zimmer und begann, das Buch zu lesen. Ich begann ganz vorne: *„Im Anfang war das Wort, und das Wort war bei Gott, und Gott war das Wort."* Bis heute fällt es mir schwer, diesen Vers in seiner ganzen Bedeutung zu erfassen, aber damals waren diese Worte für mich wie starke Schläge ins Gesicht. In meinem Herzen wurde es plötzlich immer wärmer. Mir war so warm, als ob in meinem Kopf ein Feuer anfangen würde zu brennen. Die Verse trafen mein innerstes Wesen. Ich fing an zu weinen – weiterzulesen und zu weinen. Mir war innerlich sofort klar, dass etwas mit mir passierte und dass ich ab jetzt nicht mehr der alte Reza sein würde. Es fällt mir nicht leicht, diesen Moment mit Worten zu beschreiben, selbst in meiner Muttersprache fällt es mir schwer. Aber im Nachhinein kann ich sagen: Ich habe mich in diesem Moment gesehen gefühlt. Ich habe mich geliebt gefühlt. Auf eine Art und Weise, die ich bisher noch nicht kannte. Jesus hatte mich gefunden – endlich. Die Liebe Gottes hatte mein Herz berührt. Mit wenigen Sätzen aus dem Johannesevangelium hat es der lebendige Gott geschafft, mein kritisches Wesen zu erreichen – Respekt!

Meine Zeit auf der Flucht

Meine Arbeitskollegin, die mir das Johannesevangelium gegeben hatte, nahm mich von diesem Moment an mit in ihre geheime Untergrundgemeinde. Anders können sich Christinnen und Christen bis heute im Iran nicht treffen. Dort lernte ich mehr über Gott, über Jesus, über Vergebung und Errettung. Heimlich ließ ich mich 2009 in der Türkei taufen.

In dieser Zeit wurde mir etwas deutlich (und hier beziehe ich mich wieder auf die Jahreslosung): Ja, Jesus sieht mich. Aber dass Jesus mich sieht, ist, seit ich Christ bin, nichts Verletzendes oder Strafendes mehr für mich. Es ist nichts mehr, vor dem ich Angst haben muss. *Dass Jesus mich sieht, bedeutet für mich, dass er mich kennt (mit meinen Fehlern, meiner Sünde, meiner Biografie) und dass er trotzdem offene Arme für mich hat.* Das finde ich bewegend. Ich weiß nicht, warum Jesus 30 Jahre gewartet hat, um mich zu finden. Ich weiß auch nicht, warum er dasselbe nicht auch einfach bei meinen Eltern tut. Aber was ich weiß, ist: Ich bin froh, dass

Jesus offene Arme für mich hat, auch wenn er die ersten 30 Jahre meines Lebens mit aller Rebellion gesehen hat und meine Biografie genau kennt.

2010 mussten meine Untergrundgemeinde und ich auf tragische Art und Weise fliehen. Einige wurden verhaftet, einige sind entkommen. Ich selbst musste mich zuerst sechs Monate im Iran verstecken, da mir das Geld fehlte, um aufzubrechen und zu fliehen. Durch finanzielle Unterstützung meines christlichen Firmenchefs konnte ich endlich irgendwann fortgehen und zunächst in der Türkei unterkommen. Nach neun Monaten in der Türkei fand ich dann einen Schleuser, der mir einen französischen Pass ausstellte und mich als französischen Touristen ausgab. Ich hatte große Angst, erwischt zu werden, denn der Pass war eine ziemlich schlechte Fälschung. Zuerst kam ich nach Afrika. Ich wohnte erst in Tansania und kam später in Kenia unter – ich saß in Afrika fest. Ständig begleiteten mich Ängste. Die Angst, erwischt zu werden. Die Angst, nirgendwo anzukommen. Erst war ich in Daressalam, dann in Nairobi und Mombasa – meine Reise wurde zum Albtraum und ich kann Ihnen versichern, dass man sehr viel Unangenehmes, Grauenvolles und Menschenunwürdiges auf so einer Flucht erlebt. Mein frisch gefundener Glaube wurde in diesen Situationen komplett auf die Probe gestellt. Ich habe gezweifelt. Ich habe Jesus nicht verstanden. Ich habe fast bereut, Christ geworden zu sein und all das durchmachen zu müssen.

In diesen Momenten erlebte ich trotz meiner Zweifel meine persönlichen kleinen Glaubenswunder. Es waren Momente, in denen ich die Liebe Gottes gefühlt habe. Situationen, in denen Jesus mir nahe war. Ereignisse, die mir neue Kraft gegeben haben durchzuhalten. Biblische Texte, durch die Gott mich angesprochen hat. Und auch die Abendmahlsfeier wurde für mich immer wieder ein wichtiges Ereignis, um die Nähe Gottes zu schmecken und zu spüren. Auch wenn ich allein war und irgendwo in Afrika festsaß, wusste ich: *Gott hat mich nicht vergessen. Er hat mich gesehen. Und zur richtigen Zeit hat er mir das gegeben, was ich gebraucht habe.* Für mich war das eine Erfahrung, die mich durch diese schreckliche Zeit der Flucht hindurchgetragen hat. Man könnte vielleicht sogar sagen: Die Jahreslosung ist so lebendig für mich geworden, dass ich es nur mit dieser Zusage geschafft habe zu überleben.

Meine Zeit in Deutschland

Endlich, nach fast 13 Monaten leidvoller Fluchterfahrungen, saß ich im Flieger von Mombasa nach München. Kenianische Zollbeamte sprachen mich auf Französisch an (ich hatte ja einen französischen Pass) – und ich konnte nur „Bonjour" sagen und gebrochen auf Englisch antworten. Ich hatte Todesangst, denn das war der Moment, in dem ich eigentlich hätte auffliegen müssen und der das Ende meiner Reise bedeutet hätte. Doch wie durch ein Wunder kam es anders. Ein anderer Zollbeamter kam dazu und flüsterte meinem Kontrolleur etwas ins Ohr. Es muss etwas Wichtiges gewesen sein, denn völlig abwesend reichte er mir meinen Pass zurück und sprach aufgeregt weiter mit dem Kollegen. Zögerlich und mit weit offenen Augen griff ich nach dem Pass und tatsächlich: Der Weg nach Deutschland stand unverhofft offen und wurde zur lang ersehnten Realität. Ich schickte ein Stoßgebet in den Himmel, bevor ich in Tränen ausbrechen konnte: *„Danke, Jesus. Danke, dass du ein Gott bist, der mich sieht!"*

Es war Juli 2012, als ich endlich nach all meinen Erlebnissen Deutschland erreichte. Für mich ist das ein Wunder, über das ich nur staunen kann. In Deutschland angekommen, entwickelte sich meine Sehnsucht, Theologie zu studieren. Die Evangelistenschule Johanneum in Wuppertal hat mir das ermöglicht. Seit 2019 bin ich offiziell eingesegnet und bei der Evangelisch-Lutherischen Kirche in Bayern angestellt, um mit geflüchteten Christinnen und Christen aus dem Iran und Afghanistan zu arbeiten. Das ist eine tolle Arbeit, die voll und ganz zu meiner Biografie passt. Gerade auch durch meinen Beruf darf ich jede Woche neu erleben, dass Gott nicht nur mich im Blick hat, sondern auch Hunderte von anderen Geflüchteten aus dem Iran und Afghanistan, die Ähnliches erlebt haben wie ich. Viele, viele Menschen, die auf der Flucht waren, können heute über sich und ihren Glauben sagen: „Gott hat mich nicht vergessen. Er sieht mich. Und er gibt mir zur richtigen Zeit das, was ich brauche." Ich finde das beeindruckend!

„Du bist ein Gott, der mich sieht"

Wie Sie durch meinen biografischen Bericht festgestellt haben, ist mein Bezug zur Jahreslosung ein ambivalenter. Ein bisschen davon konnten Sie durch meinen Bericht er-

ahnen. Dass Gott mich sieht, hat mir im Iran Angst gemacht, denn es bedeutete Strafe. Dass Gott mich sieht,
daran habe ich auf meiner Flucht gezweifelt, denn dafür
habe ich viel zu viel Schreckliches erlebt. Dass Gott mich
sieht, hat mein Herz bewegt, denn das hat mir so viel Trost
und Zuversicht geschenkt – es hat mich in vielen schweren
Situationen gehalten.

Heute lebe ich glücklich und zufrieden in Deutschland.
Ja, ich lebe in einem fremden Land und es ist nicht leicht,
von meiner Familie getrennt zu sein, aber ich habe Gott an
meiner Seite. Auf seine Liebe verlasse ich mich in guten
wie in schlechten Zeiten. Auf seine Treue kann ich bauen,
auch wenn ich oft untreu war. Auf seine Fürsorge zähle
ich, denn auch hier in Deutschland erlebe ich Gott als je-
manden, der mich sieht und der zur richtigen Zeit weiß,
was ich brauche. Ich habe am eigenen Leib erlebt, dass ich
nicht tiefer fallen kann als in Gottes Hände und das macht
mich froh und dankbar!

Mein Resümee: Ich bin froh, dass es dieses biblische
Wort gibt. Und ich bin froh, dass es nicht nur Worte sind,
sondern dass Jesus dieses Versprechen in meinem Leben
wahr gemacht hat. Auf eine Art und Weise, die ich brauchte und immer wieder brauche. Auf eine Art und Weise, die
nicht mehr wegzudenken ist aus meinem Leben.

FLUCHT IN DIE SUCHT

Erfahrungen aus der Suchttherapie

Eckard Grimm

Meine *erste Erfahrung* in der Suchttherapie war, dass es für Menschen in der Sucht genauso wie für alle Menschen wichtig ist, überhaupt gesehen zu werden. Menschen sind soziale Wesen. Das heißt, wir sind immer eingebunden in das soziale Geflecht unserer Familien und unserer Umwelt, die uns umgibt und beeinflusst. Wir werden gesehen und sind angewiesen auf ein Du, das uns Resonanz unseres Seins und unseres individuellen Soseins gibt. Von diesem Du gesehen und sich erkannt zu fühlen, ist wichtig für den Menschen. Mit Martin Buber gesprochen: „Der Mensch wird am Du zum Ich." Gesehen werden, um seine eigene Existenz wahrzunehmen. Ich bin nicht „Luft" für den anderen. Es ist so, dass jemand mich sieht, wahrnimmt und annimmt. Das ist Grundlage meiner Existenz, denn sonst bin ich ja wie nicht existent, wie Luft für den anderen, der mich eben nicht sieht und nicht wahrnimmt. Das kenne ich selbst von mir – und das ist wichtig für alle Menschen. Wir müssen uns gesehen fühlen, sonst fühlen wir uns als nicht existent.

Menschen wollen gesehen werden

Menschen wollen gesehen und erkannt werden. Sie wollen in der Regel von sich erzählen, wenn auch nicht immer gleich zu Anfang. Manchmal braucht es Zeit, bis das Vertrauen gewachsen ist, um von sich und den eigenen Nöten zu sprechen. Manchmal müssen sie auch erst durch Übung und Vorbild Sprache und Bilder finden, um sich überhaupt ausdrücken zu können.

Meine Erfahrung zeigt, wie gut es ihnen tat, wenn sie Worte fanden. Durch die biografische Arbeit innerhalb der Therapie leben die Betroffenen auf, werden mitteilsam und fühlen sich gesehen und richtig erkannt. Ihre anfängliche Lethargie verschwindet nach und nach, und sie werden offen für Veränderungen.

Bei den Nachtreffen, die im Anschluss stattfinden, habe ich immer wieder erlebt, wie Menschen dafür dankbar waren, dass ein positiver, wertschätzender Blick auf ihr Leben und ihre Biografie gerichtet wurde. Sie selbst konnten dann auch Positives erkennen, ihre Selbstsicht und ihr ganzes Leben verändern, und manche suchten auch christliche Gemeinschaft.

Abhängige Menschen erleben Gott

Die Frage, von unserer Jahreslosung herkommend, ist: Erleben Menschen, die in die Sucht geflohen sind, diesen Gott auch, der sie sieht, so wie es Hager auf ihrer Flucht in die Wüste erlebte?

Dabei ist festzuhalten, dass Menschen, die suchtmittelabhängig geworden sind, ihre mit der Zeit entstandene Abhängigkeit in der Regel zuerst gar nicht bewusst als Flucht wahrnehmen. Es war zu Beginn üblicherweise einfach angenehm und erleichternd, das jeweilige Suchtmittel zu konsumieren. Für andere war der Konsum von Suchtmitteln zunächst eine so einschneidende, positive, befreiende, ja geradezu erlösende Erfahrung, dass sie diese einfach nicht mehr missen wollten. Erst viel später merkten sie, dass sie ohne die Suchtmittel gar nicht mehr zurechtkamen. In den meisten Fällen war es für die Betroffenen schwer, sich einzugestehen, dass sie davon abhängig geworden waren. Oft brauchte es krasse, gefährdende körperliche Folgeerscheinungen, um überhaupt verändernde Schritte anzugehen. Wenn sie dann diese Schritte gingen – oft durch sozialen Druck von Angehörigen oder Arbeitgebern oder durch existenzielle gesundheitliche Nöte –, dann hatten sie in der Regel oft kein starkes Selbstbild entwickelt. Sie sahen sich vielfach als Versager, als charakterschwach, als nicht stark genug, um dem Suchtmittel widerstehen zu können. Oft hatten sie ein schwaches oder zumindest geschwächtes Selbstwertgefühl, sodass sie es schwer hatten, sich selbst im Spiegel anzusehen. Sie erlebten ihre Abhängigkeit als Schwäche. Sie meinten, dass andere entwertend und bewertend über sie denken müssten, und fanden dies im Verhalten anderer ihnen gegenüber oft bestätigt.

Sie hatten Schwierigkeiten damit, wie ihre Angehörigen sie sahen, und fühlten sich ihnen gegenüber oft schuldig und äußerten dies auch. Diejenigen von ihnen, die an Gott glaubten, sahen sich oft auch von Gott als herablassend gesehen und abgewertet an. Sie hatten eher Schwierigkeiten damit, dass Gott sie so sah, wie sie meinten zu sein. Sie fühlten sich von ihm eher beobachtet im Sinne von Kontrolle und Überprüfung. Dass er sie liebevoll ansah und als wertvoll betrachtete, konnten sie sich oft nicht vorstellen. Sie fühlten oft eher eine Distanz zu Gott, so wie es im Lied „From a Distance" von Bette Midler ausgedrückt wird. Dort heißt es: „God is watching us, from a distance." – „Gott beobachtet uns, aus der Ferne."

So war ihre Gottesschau, dass sie von Gott gesehen wurden, oft moralisch beschwert und verurteilt und von ihren Selbstvorwürfen bestimmt.

Ich bin öfter über Glaubensfragen mit diesen Menschen ins Gespräch gekommen, aber selten war dies von einem Gottesbild geprägt, das Gott als den sah, der sie wohlwollend und liebevoll ansah und betrachtete.

Daher war es mir um so wichtiger, dass ich sie wohlwollend, wertschätzend und liebevoll betrachtete, was mir längst nicht immer gelang. Die Rückmeldungen und späteren Reaktionen, die ich bekam, wo mir dies anscheinend gelungen war, waren durchweg positiv. Daher kann ich sagen, dass es wohl wichtig und richtig war, dieses Schauen Gottes durch meinen Umgang mit den Menschen und meinen Blick auf die Menschen zu vermitteln. Die Liebe Gottes weitergeben kann man nicht nur durch Worte, sondern auch durch das Annehmen, Ansehen und Dasein für den Menschen.

Gefangene Menschen werden frei

Einen besonderen Fall möchte ich noch erwähnen. Es war ein Mann, der lange wegen Totschlags im Gefängnis gesessen hatte und der vielfältig suchtmittelabhängig war. Seinen Namen erinnere ich nicht mehr, aber seine Geschichte und was ich von ihm sehen und hören konnte, war für mich einprägsam. Er sagte von sich, dass er Gott dankbar wäre für die Zeit im Gefängnis, ja, dass er die Gefängnismauern bei seiner Entlassung geküsst habe. Die Zeit im Gefängnis sei für ihn heilsam, rettend und reifend gewesen. Er hätte dort „zu seinem Gott gefunden", so sagte er. Er hatte gelernt, anders auf Gott zu sehen, und gewann eine neue Sicht von Gott, der ihn ansah. Er hätte wohl in die Aussage Hagars mit eingestimmt: *„Du bist ein Gott, der mich sieht"*, denn er fühlte sich von Gott gesehen, angenommen und geliebt, und er strahlte dies auch glaubwürdig aus und wurde von seinen Mitgefangenen in seinem Glauben daran akzeptiert, anerkannt und geachtet.

TOD UND LEBEN UND ALLES DAZWISCHEN

Katja Köhler

Die Geschichte von Abram, Sarai und Hagar ist keine schöne Geschichte. Sie ist voll von tiefer Sehnsucht, bohrendem Neid, schwierigen Beziehungen, furchtbarer Angst und großer Verzweiflung.

Eine sehr menschliche Geschichte. Doch irgendwo in der Dunkelheit des Chaos um sie herum entdeckt Hagar dennoch einen kleinen Lichtstrahl der Hoffnung: *„Du bist ein Gott, der mich sieht."*

Meine Geschichte ist eine ähnlich menschliche Geschichte. Ich habe die Dunkelheit des Chaos erlebt – und auch, dass Gott mich sieht.

Nele

Kurz nach unserer Hochzeit entschieden mein Mann Peter und ich, dass wir das Abenteuer „Kinder kriegen" jetzt gemeinsam wagen wollten. Es klappte erstaunlich schnell und den Großteil unseres ersten Ehejahres verbrachte ich als glückliche Schwangere. Die Schwangerschaft verlief unkompliziert, entsprechend sorglos gingen wir das Ganze an. Wir bereiteten uns innerlich wie äußerlich auf unsere Tochter vor.

Im siebten Monat schickte mich meine Gynäkologin zu einer Feindiagnostikerin. Sie könne das Herz nicht so gut darstellen, wie sie es gerne hätte. Vermutlich nichts Schlimmes, aber ich solle lieber mal nachschauen lassen. Ohne mir groß Gedanken gemacht zu haben, ging ich zu diesem Termin. Ich freute mich, unsere Tochter ein weiteres Mal ausgiebig betrachten zu können, bis im anschließenden Gespräch die niederschmetternden Worte fielen: „Ihre Tochter hat eine Zwerchfellhernie!" Wie gelähmt ließ ich mir erklären, was das bedeutete.

Das Zwerchfell ist die Muskel-Sehnen-Platte, die den Brust- vom Bauchraum trennt. Es ist außerdem wichtiger Bestandteil der Atemmuskulatur. Bei einer Zwerchfellhernie entsteht in eben dieser Platte ein Loch, und die Bauchorgane rutschen in den Brustkorb. Das hat zur Folge, dass sich die Lunge vor der Geburt nicht ausreichend entwickeln kann und manchmal – wie auch in unserem Fall – das Herz verschoben wird.

Wir wurden an die Uniklinik Mannheim überwiesen, deren Chefarzt der Neonatologie ein Experte im Bereich der angeborenen Zwechfellhernien ist. Sowohl die Voruntersuchung als auch das Gespräch mit den Ärzten dort nahmen uns die Angst vor dem, was auf uns zukommen sollte. Die Ausprägung sei noch sehr leicht und somit wäre auch eine vaginale Geburt nach Einleitung dort möglich. Wir durften auch die Neugeborenen-Intensivstation kennenlernen. Erleichtert fuhren wir nach Hause, und in den letzten Wochen der Schwangerschaft trafen wir die Vorbereitungen für die lange Zeit im Krankenhaus. Wir wollten das alles nicht an die große Glocke hängen, weihten jedoch ein paar uns nahestehende Personen ein, um für uns zu beten.

Am 20. Dezember war es dann endlich so weit: Nele wurde nun doch per Kaiserschnitt geboren. Wir hörten sie schreien, durften sie jedoch nicht gleich sehen. Sie musste erst versorgt und intubiert werden, um sie zu stabilisieren. Danach würde sie zu uns kommen, bevor es auf die Neonatologie gehen sollte. Wir waren überglücklich, und im Aufwachraum erzählte ich Peter von meinen Gedanken für einen Taufspruch: Römer 8,38–39 sollte es sein.

„Ich bin überzeugt: Nichts kann uns von seiner Liebe trennen. Weder Tod noch Leben, weder Engel noch Mächte, weder unsere Ängste in der Gegenwart noch unsere Sorgen um die Zukunft, ja nicht einmal die Mächte der Hölle können uns von der Liebe Gottes trennen. Und wären wir hoch über dem Himmel oder befänden uns in den tiefsten Tiefen des Ozeans, nichts und niemand in der ganzen Schöpfung kann uns von der Liebe Gottes trennen, die in Christus Jesus, unserem Herrn, erschienen ist." (NLB)

Zwei Stunden später passten diese Verse plötzlich noch besser zu unserer Situation, als wir vorher je gedacht hätten. Fünf Ärztinnen und Ärzte kamen in unser Zimmer, alle mit sehr ernster Miene. „Es tut uns leid, Nele hat es nicht geschafft."

Plötzlich wurde alles um uns herum dumpf. In freiem Fall stürzten wir ins Bodenlose. Die nächsten Stunden und Tage verbrachten wir wie in Trance. Wir durften sie sehen und lange halten, bekamen Besuch von Familie und engen Freunden, planten eine Beerdigung. Alles wie im Nebel. Der Bauch war leer, die Arme ebenso. Die Narbe schmerzte, das Herz noch mehr.

Zwischenzeit

Die nächsten Monate waren ein einziges Dazwischen. Wir waren Eltern, wurden aber nicht als solche gesehen. Es gab ja kein Kind. Wir trauerten, wurden aber wenig dabei gesehen. Die Welt drehte sich ja weiter. Unser Kinderwunsch war groß, wurde aber kaum ernst genommen. So kurz nach dem Verlust probiert man doch nicht, ein neues Kind zu bekommen! Die Trauerarbeit kostete uns viel Kraft. Jede neue Schwangerschaft im Umfeld gab einen fiesen Stich ins Herz, und gleichzeitig konnte ich die Vorfreude und Hoffnung der Familien mitfühlen. Obwohl all das uns als Paar enger zusammengeschweißt hat, hinterließ der tiefe Wunsch nach einem weiteren Kind seine Spuren in unserer Ehe. Es war eine Zerreißprobe.

Bei unserem gemeinsamen Projekt, die Bibel innerhalb eines Jahres durchzulesen, stolperte ich eines Tages über den folgenden Vers:

„Not und Leid hast du zwar zugelassen, doch du wirst mir das Leben neu schenken und mich auch aus der dunkelsten Tiefe wieder heraufholen." (Psalm 71,20, NLB)

Gott sieht uns. Er leidet mit uns. Er hat zwar alles, was wir erleben mussten, zugelassen, aber dabei will er es nicht belassen. Der Vers wurde Trost und Verheißung für mich:

Gott will uns neues Leben schenken. Er lässt uns nicht in der dunkelsten Tiefe allein kämpfen, er wird uns herausholen.

Mats

Nach Monaten des Hoffens durften wir erleben, wie sich diese Verheißung erfüllte. Ein neues Familienmitglied kündigte sich an. Diesmal waren wir verständlicherweise nicht ganz so entspannt und sorglos wie beim ersten Mal. Zwar waren wir voller Zuversicht, doch dieser kleine Gedanke „Was, wenn doch irgendetwas ist?" wird uns wohl unser Leben lang begleiten. Meine Gynäkologin, selbst Christin, hat uns in dieser Zeit toll begleitet. Ohne großes Aufheben durfte ich öfter kommen, wurde immer geschallt, bekam die Zeit und Untersuchungen, die ich brauchte, um mich sicher zu fühlen. Sie hat uns in unserer Unsicherheit, die wir nie ausgesprochen haben, gesehen.

Die Schwangerschaft verlief unauffällig und anderthalb Jahre nach der Geburt unserer Tochter durften wir nun endlich unseren Sohn Mats in den Armen halten. Mats, das Geschenk Gottes. Er kam gut an in dieser Welt und war ein sehr entspanntes Baby. Zumindest dachten wir das die ersten sieben Tage seines Lebens.

Als er genau eine Woche alt war, wollte das sonst so hungrige Baby sich plötzlich nicht mehr stillen lassen. Verzweifelt versuchte ich alles, was Google mir an Lösungen für mein Problem anbot. Nichts half. Abends zog mein Mann die Reißleine und überredete mich, doch in die Kindernotaufnahme zu fahren. Zu Beginn plauderten Krankenschwester und Ärztin noch fröhlich mit uns, während sie ihn untersuchten. Schnell änderte sich das. Sie telefonierten, ein weiterer Arzt kam dazu. Er untersuchte ihn kurz, drehte sich um und sagte: „Ihr Kind hat entweder eine Sepsis oder einen Herzfehler, wir wissen es noch nicht. Ich nehme ihn jetzt mit für weitere Untersuchungen, und wir melden uns bei Ihnen, sobald wir etwas wissen!" Er packte Mats in eine Decke und verschwand auf die Kinderintensivstation.

Und da saßen wir. Wieder allein in einem Krankenhaus. Wieder ohne Baby. Wieder mit dem dumpfen Gefühl des Nebels und dem freien Fall ins Bodenlose. Die Gedanken rasten so schnell, dass ich keinen von ihnen wirklich fassen konnte. Um uns herum war die nächtliche Stille der Kinderklinik, in uns das blanke Chaos. Irgendwann zwischen alldem, es war kurz nach halb eins, schrieb ich eine WhatsApp an Familie, Hauskreis und Einsegungskurs mit der Bitte um Gebet:

Falls noch irgendjemand nicht schlafen kann: Wir könnten grad akut Gebet gebrauchen, sind mit Mats in der Notaufnahme …

Nach einiger Zeit wurden wir in einen anderen Raum neben der Intensivstation gebracht. Dorthin kam dann besagter Arzt, um uns alles zu erklären. Mats hat einen mehrfachen Herzfehler in ungünstiger Kombination. Genaueres könne er noch nicht sagen, sie wären darauf nicht spezialisiert. Sie versuchten, ihn zu stabilisieren, und würden ihn am Morgen fliegend oder fahrend nach Erlangen oder München verlegen. Wir sollten nach Hause fahren, für einige Tage packen und dürften ihn dann noch einmal sehen, bevor es losginge.

Autopilot an. Fahrt nach Hause. Irgend etwas in einen Koffer packen. Fahrt zurück nach Würzburg. Warten. Wir dürfen zu ihm. Autopilot aus. Eine Schwester empfing uns, half uns in Einwegkittel für Besucher und bereitete uns behutsam auf den Anblick vor, der sich uns gleich bieten würde. Sie führte uns in ein Zimmer und da lag unser Baby. Angeschlossen an unzählige Sonden, Schläuche und Zugänge. Würde über ihm nicht der Monitor blinken, könnte man ihn für tot halten. Geduldig erklärte uns die Schwester, die die Nacht gemeinsam mit dem Arzt um sein Leben kämpfte, was die Zugänge, Medikamente und Anzeigen auf dem Monitor zu bedeuten hatten. Der Arzt kam dazu mit den ersten positiven Entwicklungen. Mats sei stabil genug, um mit dem Krankenwagen gefahren zu werden, außerdem hatte die Uniklinik Erlangen Kapazität für ihn. Eine erste, kleine Welle der Erleichterung machte sich in unseren Herzen breit. Wir durften bei ihm bleiben und seine Hand halten, bis Mats samt Arzt, Schwester und einem Haufen medizinischer Technik in den Krankenwagen verladen wurde.

Autopilot wieder an. Nach Erlangen fahren. Zwischendurch irgendwie versuchen, etwas zu essen und einen Kaffee zu trinken, hatten wir doch die ganze Nacht kein Auge zugetan. Bei unserer Ankunft in der Kinderklinik war Mats schon da und wurde versorgt. Wir sollten ihn anmelden, durften aber noch nicht zu ihm. Es hieß warten. Wir meldeten uns im Ronald-McDonald-Haus an und erlebten eine riesige Enttäuschung: Wegen Corona durfte nur ich dort wohnen. Gerade jetzt, wo wir uns gegenseitig so dringend brauchten. Zwischendurch schickte ich immer wieder kleine Sprachnachrichten mit Updates an alle, die für uns beteten. Stündlich wurden es mehr. Mit der Zeit wurde daraus der „Matscast" (zusammengesetzt aus Mats und Podcast). Mehrmals täglich verschickte ich kurze Infos und Gebetsanliegen. Sie wurden weitergeleitet an Hauskreise, Gemeinden und Familienmitglieder bis nach Brasilien und Afrika.

Dann kam endlich der erlösende Anruf: Ich durfte zu Mats. Er war sediert, aber durch die Medikamente erst einmal stabil. Durchatmen. Der Chefarzt der Kinderkardiologie kam zu mir und berichtete die ersten schnellen Erkenntnisse. Nachmittags durfte auch Peter endlich zu ihm. Wir saßen gemeinsam am Bett, hielten Mats' kleines Händchen und uns gegenseitig; und wir hatten eine Welle des Gebets im Rücken. Langsam lichtete sich der Nebel und mein Kopf fing an zu rattern. Wie können wir die nächsten Tage oder Wochen gestalten? Was muss organisiert werden? Abends telefonierte ich mit Mats' Taufpatin. Ihre Tante wohnte in Erlangen und hatte ein Zimmer für uns frei. Sie hatte unsere Not gesehen und sich darum gekümmert.

Operation

Als ich am nächsten Tag kam, herrschte bereits geschäftiges Treiben um Mats' Bettchen. Es sollte ein Planungs-CT am anderen Ende der Uniklinik gemacht werden. Ein logistisch aufwendiges Unterfangen. Ich hörte, dass die Operation für den nächsten Tag angesetzt wurde, damit die hochdosierten Medikamente nicht zu lange verabreicht werden mussten. Beim Aufklärungsgespräch am Nachmittag erfuhren wir zum ersten Mal, was genau in Mats' Herzen so große Probleme machte. Dankbar über die Möglichkeiten der modernen Medizin und aufgeregt zugleich verabschiedeten wir uns abends von unserem Sohn und fuhren zu unserer gemeinsamen Unterkunft für die nächsten Tage.

Der OP-Tag war eine seltsame Mischung aus diversen Emotionen und Gedanken. Nachdem wir Mats in den OP verabschiedet hatten, trafen wir uns mit lieben Freunden zum Frühstück. Wir ließen uns durch die Fürther Innenstadt treiben und kauften Mats sein erstes weiß-grünes Fußballtrikot, natürlich direkt in Ronhof. Wir fuhren nach Puschendorf, unserer gemeinsamen geistlichen Heimat, und trafen dort alte Kollegen auf einen spontanen Plausch. Immer mit dabei war ein griffbereites Handy in der lautesten Einstellung. Erleichterung, dass noch nicht angerufen wurde. Dann läuft es doch gut! Später machte sich die Ungeduld breit, wann der Anruf endlich kommen würde. Uns quälte die Frage: „Was ist, wenn es doch schiefgeht?", gleichzeitig hatten wir die Gewissheit: „Gott ist nicht so. Er wird uns nicht noch ein Kind wegnehmen!"

Gegen 16 Uhr klingelte endlich das Handy. Die OP war gut verlaufen, wenn auch anders als geplant. Mats würde jetzt versorgt und wir dürften am Abend zu ihm. Wir fielen uns in die Arme, Tränen liefen und lösten die Anspannung aus unseren Körpern. Als ich die gute Nachricht verschickte, konnte ich förmlich den Jubel und Lobpreis hören, den sie bei den Empfängern auslösen würde.

Abends wurden wir von einer jungen Ärztin empfangen. Sie erklärte uns den OP-Verlauf: Es hatte sich herausgestellt, dass noch nicht alles operiert werden musste, denn das hätte er vielleicht nicht geschafft. Mit dem vorläufigen Ergebnis konnte er sehr gut einige Monate wachsen und Kraft sammeln für eine zweite Operation. Danach würde sein Herz als gesund gelten.

Leben

Während Mats sich in den nächsten Tagen gut erholte und Ärztinnen und Ärzte zufriedenstellte, war die Zeit für mich eine große Herausforderung. Vor allem, als er von dem geschützten Raum der Intensivstation auf die trubelige Normalstation verlegt wurde. Zwar durfte ich jetzt rund um die Uhr bei ihm sein, doch wirklich förderlich für das Wochenbett nach einem Kaiserschnitt waren diese äußeren Umstände dort nicht. Dazu kam, dass wir nun in der täglichen Visite vom Stationsarzt nach und nach erfuhren, wie kritisch es um Mats in der Nacht der Notaufnahme wirklich gestanden hatte. Kurz gesagt, wir hätten nicht später kommen dürfen. Es wurden einige zusätzliche Tests gemacht, um herauszufinden, ob dadurch noch weitere Probleme zu erwarten wären. Bei Mats war alles in Ordnung, aber ich hatte noch Monate an diesen Gedanken und dem „Was wäre gewesen, wenn ...?" zu knabbern.

Eine gute Woche nach der Operation wurden wir schon entlassen. Nicht in die Unsichtbarkeit des „Jetzt ist ja alles in Ordnung", sondern in ein Netzwerk, das Gott schon für uns vorbereitet hatte. Meine Mutter unterstützte uns die ersten Tage und half mir, meinen verlorenen Mutterinstinkt in Ruhe wiederzufinden. Meine Hebamme nahm sich besonders viel Zeit für uns. Sowohl unsere Hausärztin als auch unser Kinderkardiologe hatten gute Beziehungen in die Erlanger Uniklinik. Mats bekam eine Physiotherapie verschrieben bei einer Therapeutin, die selbst Mutter war und mir den einen oder anderen Tipp mitgeben konnte. Und nach und nach wurde uns bewusst, welche Kreise der Matscast gezogen hatte und wie sehr uns das getragen hatte.

Mats ist für uns ein großes Wunder. Er hat die folgende Herzkatheter-Untersuchung samt Stent-Setzung und auch die zweite OP sehr gut überstanden. Nicht nur das. Menschen, die seine Geschichte nicht kennen, würden niemals auf die Idee kommen, was dieses kleine Energiebündel schon durchmachen musste. Er ist mittlerweile ein normal entwickelter 20 Monate alter Junge, der fröhlich die Welt und ihre Bewohner entdeckt – immer den Schalk im Nacken. Wir sind zutiefst dankbar, dass wir ihm dabei zusehen dürfen.

Im September 2021 ließ Corona es zu, dass wir ihn taufen lassen konnten. Es war ein großes Dankfest, zu dem alle eingeladen waren, die uns in den Monaten zuvor unterstützt hatten. Wir wollten uns damit bei ihnen bedanken und gleichzeitig feiern, dass Gott nicht nur „Ja zu Mats" sagt, sondern auch „Ja zu Mats" tut.

Wir haben in den letzten Jahren das menschliche Chaos in allen Facetten erlebt. Sowohl an diesem Danktag, als auch in unserem Leben generell hat beides seinen Platz: Nele und Mats. Tod und Leben. Und alles dazwischen.

Gott hat uns als Familie zu jeder Zeit gesehen und uns durch verschiedene Menschen mit dem versorgt, was wir brauchten. Mats' Taufspruch fasst das alles für uns sehr gut zusammen:

„Denn alles kommt von ihm; alles besteht durch seine Macht und ist zu seiner Herrlichkeit bestimmt. Ihm gehört die Ehre in Ewigkeit! Amen." (Röm 11,36, NLB)

Praxisentwürfe für die Arbeit mit Gruppen

STUNDENENTWURF FÜR DIE JUNGSCHAR: ESCAPE-JAGD – DIE SUCHE NACH HAGAR

Katrin Lindner

Der Kontext der Jahreslosung

Abram und Sarai – später auch Abraham und Sara genannt – sind beide schon recht alt und haben keine gemeinsamen Kinder, obwohl Gott Abram viele Nachkommen versprochen hat. Sarai scheint keine Hoffnung mehr zu haben, selbst Mutter zu werden und so schmiedet sie einen Plan, der dem Gesetz entspricht. Dieses sieht vor, dass eine kinderlose Frau auch mithilfe ihrer Magd Kinder bekommen kann. Dementsprechend macht sie Abram den Vorschlag, ihre ägyptische Magd Hagar zu schwängern, um so über Umwege ein Kind zu bekommen. Abram lässt sich darauf ein und Hagar wird schwanger. Aber nun passiert das, womit Sarai nicht gerechnet hat: Hagar erscheint ihr hochmütig. Sie fühlt sich plötzlich nicht mehr von ihr ernstgenommen. Verletzt und gedemütigt beschwert sich Sarai bei Abram. Dieser wiederum macht seiner Frau klar, dass sie doch immer noch die Herrin von Hagar ist und ihre Magd so behandeln kann, wie es ihr beliebt. Und so beginnt Sarai, den Spieß umzudrehen, und behandelt Hagar zunehmend schlecht und demütigt sie so sehr, dass Hagar es nicht mehr ertragen kann und wegläuft. Sie flieht in die Wüste, aber Gottes Engel findet sie dort an einer Wasserquelle und spricht sie an: *„Hagar, Magd Sarais, woher kommst du und wohin willst du gehen?"* Da berichtet Hagar ihm von ihrer Flucht vor Sarai. Der Engel hört ihr zu und rät ihr dazu, wieder zurückzugehen und sich Sarai unterzuordnen. Aber das ist nicht alles, er verspricht ihr ebenso eine gute Zukunft für sich und ihren noch ungeborenen Sohn. Als Hagar das hört, wird ihr klar, dass Gott selbst mit ihr spricht und sie sagt: *„Du bist ein Gott, der mich sieht."* Und so geht sie zurück und es geschieht, wie Gott es ihr versprochen hat, sie bekommt einen Sohn und nennt ihn Ismael.

Konzept

Die Jungscharstunde „Die Suche nach Hagar" ist eine Escape-Jagd, bei der es darum geht, die entflohene Hagar zu finden und herauszufinden, was ihr passiert ist. Die Kinder bekommen an verschiedenen Stationen in Briefen (s. Kopiervorlage) bzw. als Podcasts (auf der Seite des CVJM-Westbunds sowie auf Instagram als Beitrag bei Jungschar-im-CVJM zu finden) etwas über Hagar erzählt und Aktionsaufgaben, die sie lösen müssen, um den Hinweis zur nächsten Station zu bekommen. Die Escape-Jagd kann je nach Belieben draußen oder drinnen stattfinden und ist für Gruppen mit vielen wie auch mit wenigen Kindern geeignet. Auch die Länge der Gruppenstunde ist variierbar, indem man einzelne Stationen weglassen kann. An der letzten Station finden sie Hagar bzw. einen Brief von ihr, der gleichzeitig auch die Andacht beinhaltet.

Art der Jungschar: Escape-Jagd
Gruppengröße: für alle Gruppen geeignet
Ort: nach Belieben draußen oder drinnen
Dauer: variierbar

Vorbereitung

Material:
Podcasts herunterladen oder Kopiervorlagen nutzen, um Briefe der Zeugen zu erstellen.

Sechs Zeugenbilder kopieren und auf feste Pappe aufkleben, um diese zu verstecken (siehe Kopiervorlagen). Die Zeugenbilder können ggf. auch auf die Briefe der Zeugen geklebt werden und als Ganzes versteckt werden.

Sechs Briefumschläge, zwei verschiedenfarbige Stifte, kleine Zettel.

Für Spiel 1: Buchstabenrätsel kopieren, Stifte zum Markieren.

Für Spiel 2: leeres Blatt Papier und bunte Stifte.

Für Spiel 3: Erbsen oder Mais, zwei Töpfe, ein Esslöffel.

Für Spiel 4: Karteikarten mit je einem Gefühl: Angst, Trauer, Wut, Freude, Glück, Liebe, Schmerz, Spaß.

Für Spiel 5: Kreide oder Kreppklebeband, um ein 8 x 10 Felder großes Quadrat abzukleben. Alternativ dazu Kopiervorlage des Spielfelds und Spielfiguren nutzen.

Für Spiel 6: drei gekochte Eier, Zeitungspapier, Tesa-film, Strohhalme, Stifte etc.

Mit den Kopiervorlagen werden Figurenkarten erstellt, die beliebig draußen oder drinnen vor der Jungscharstunde versteckt werden sollen.

Für jedes Figurenkartenversteck muss ein Briefum-schlag vorbereitet werden, in dem sich ein Hinweis auf den Ort befindet, wo die nächste Figurenkarte versteckt ist (z. B. in der Küche oder am Kirchturm) sowie der Name der Figur, die als Nächstes gesucht werden soll. Dazu wer-den die Buchstaben des Ortshinweises je einzeln auf ein Kärtchen in roter Farbe geschrieben (z. B. Küche: K Ü C H E). Ebenso werden Buchstabenkärtchen für die Figuren – Ziege, Sarai, Abram, Kamel, Engel und Hagar – vorberei-tet und die einzelnen Buchstaben jeweils mit einem blauen Stift aufgeschrieben (Kamel: K A M E L).

Zudem müssen für die einzelnen Spielaufgaben alle oben genannten Materialien vorbereitet werden.

Ablauf

Die Jungscharkinder werden begrüßt und aufgefordert, ein ganz scheues Tier zu suchen, das sich gerade hier ver-steckt hat. Sie finden den ersten Zeugenbrief, der ihnen vorgelesen wird, bzw. das erste Zeugenfoto und hören den Podcast dazu.

Erster Zeugen-Brief von SaLam-i, dem Salamander:

Hallo, mein Name ist SaLam-i.

Nein, nicht Salami! Ich bin doch keine Wurst, sondern ein Salamander! Also bitte SaLam-i. Aber nun zu euch, danke, dass ihr mich unterstützt und diese Escape-Jagd mitmacht. Ihr wisst nicht, was eine Escape-Jagd ist? Na, dann werde ich es euch verraten. Vielleicht kennt ihr Escape-Games, wo man Rätsel lösen muss, um aus einem Raum zu fliehen. Denn das Wort „Escape" heißt übersetzt Flucht. Aber heute geht es nicht darum, dass ihr fliehen müsst. Es geht vielmehr darum, eine geflohene Person zu finden. Ich frage mich, warum sie geflohen ist, wo sie hin ist und was ihr passiert ist. Könnt ihr mir helfen?
Ihr glaubt schon? Ich weiß ja nicht. Mal sehen, wie gut ihr seid.

Hier ein kleiner Test: In der Bibel wird von verschiedenen Personen berichtet, die aus unterschiedlichen Gründen geflohen sind. In dem folgenden Buchstabenrätsel sind die Namen von einigen versteckt. Findet mindestens 8 Namen in den senkrechten oder waagerechten Kästchen. Wenn ihr das schafft, seid ihr richtig gut und könnt die Escape-Jagd schaffen. Um loszulegen, bekommt ihr dann einen Briefumschlag. Wenn ihr die Buchstaben darin richtig zusammensetzt, werdet ihr einen Hinweis zu einem weiteren Zeugen bekommen, der bzw. die euch mehr sagen kann und auch, wo ihr die Person suchen müsst.

Viel Glück! Enttäuscht mich nicht! Ihr könnt es schaffen!

Euer SaLam-i

U	M	O	S	E	T	N	P	X	C	E	D	I	F
P	A	P	A	T	I	O	E	M	L	K	F	S	Z
N	T	U	U	J	N	O	A	G	Z	E	I	T	K
X	E	L	I	A	T	M	A	R	I	A	R	R	L
J	W	Q	A	K	E	I	F	D	F	A	H	X	J
Ü	T	Q	Y	O	N	Q	F	O	V	Q	U	D	I
P	I	Y	G	B	F	W	E	L	O	Y	N	F	Ö
Z	R	G	H	Z	Ä	V	E	R	L	S	D	I	H
W	E	D	A	V	I	D	X	Q	K	Ä	E	O	H
E	R	U	G	D	Z	S	D	P	I	V	K	N	G
H	E	P	A	X	J	E	S	U	S	D	L	N	X
H	S	I	R	S	O	A	Z	E	R	H	O	I	R
I	P	Ö	F	P	N	U	K	M	A	D	Z	L	G
N	E	L	I	S	A	J	O	S	E	F	S	E	E

Zeugen-Brief 2: Sarai

Hallo, mein Name ist Sarai, manche kennen mich wohl eher un-
ter dem Namen Sara. Ich bin die Frau von Abram bzw. Abraham.
Und ihr glaubt, ihr könnt mir helfen? Das ist nett von euch. Es
ist wichtig, dass meine Magd gefunden wird. Ich brauche sie hier.
Sie ist mir einfach weggelaufen. Wieso? Das weiß ich auch nicht
so genau. Hoffentlich ist ihr nichts passiert. Ach, ihr wisst noch
gar nicht, wen ihr eigentlich suchen sollt? Also sie heißt Hagar
und ist eine junge ägyptische Frau. Sie ist meine Magd und un-
terstützt mich bei allem, was gemacht werden muss.

Wie sie aussieht? Ich werde sie euch beschreiben. Passt gut
auf!

Sie ist ungefähr 1,60 m *groß, hat* dunkelbraune Augen *und* schwarze lange Haare, *die sie offen trägt. Sie hat ein* Muttermal unter dem rechten Auge *und* schmale Augenbrauen *und eine* kleine spitze Nase. *Außerdem hat sie ein* Grübchen am Kinn *und* zwei Lachfalten um den Mund. *Na ja, und ei-*

gentlich ist sie sehr schlank, aber momentan ist sie hochschwanger *und das sieht man. Ihr weites* weißes Gewand, das an den Ärmelspitzen blau *ist, spannt am Bauch etwas und der* braune Gürtel, *den sie trägt, geht kaum noch zu.* Schuhe hat sie keine, *aber* ein Tattoo mit einem Käfer am rechten Fuß. *Sie besitzt* zwei goldene Ohrringe, *die wie Ringe aussehen. Auf die ist sie sehr stolz und sie würde sie niemals ablegen.*

Habt ihr euch gemerkt, wie sie aussieht? Beweist es mir und malt ein Bild von ihr. Die Größe dürft ihr dazuschreiben. Wenn ihr von den 15 Merkmalen mindestens 10 richtig gemalt habt, bekommt ihr einen weiteren Briefumschlag. Wenn es nicht geklappt hat, hört euch die Beschreibung noch einmal an und versucht es wieder.

Viel Glück, eure Sarai

Zeugenbrief 3: Ziege Josi

Nanu, mäh! Was wollt ihr denn hier bei mir?

*Mäh! Normalerweise sagen alle nur zu mir: „Du dumme Ziege."
Beinahe wäre ich schon mal geschlachtet worden. Nur Hagar, die
mag mich und kümmert sich immer gut um mich. Mäh. Sie hat
mir sogar einen Namen gegeben, Josi. Klingt gut, oder?*

*Aber jetzt ist Hagar lei-
der weg. In der letzten Zeit
hatte sie auch kaum noch
Zeit für mich. Ja, sie hatte
immer schon viel zu tun,
aber sie hat sich jeden Tag
mindestens zehn Minuten
Zeit genommen mich hin-
ter den Ohren zu kraulen.
Das mag ich gerne. Aber
in den letzten Wochen
und Monaten ist sie kaum
dazu gekommen. Ihre Her-*
*rin Sarai hat ihr ganz viele Aufgaben gegeben. Wenn man mich
fragt, waren es viel zu viele. Und es waren ganz schön schwere
Aufgaben. Zuerst dachte ich, es hätte was damit zu tun, dass sie
so dick geworden ist. Und es sollte so einen Art Sportprogramm
sein, damit sie wieder abnimmt. Aber dann hat sie mir erzählt,
dass sie schwanger ist und ein Baby bekommt. Mäh! Aber so geht
man mit einer Schwangeren doch nicht um. Lässt sie den ganzen
Tag schwer arbeiten und schimpft auch noch dauernd mit ihr.*

*Und jetzt bleibt die ganze Arbeit liegen. Wo kann Hagar nur
hin sein? Die kleinen Ziegen brauchen dringend Futter und Wasser. Könnt ihr uns helfen?*

Hier seht ihr einen Topf mit Erbsen oder Maiskörnern. Das ist das Kornlager. Und da hinten seht ihr einen weiteren Topf stehen, den Futtertrog. Als Transportmittel habt ihr leider nur diesen einen Löffel. Versucht, so schnell es geht, durch den Parkour (kann über Stühle oder unter Tischen her gehen oder im Wald über Baumstämme bzw. kreuz und quer um Hindernisse herum) zu laufen und das Futter in den Trog zu bekommen. Wechselt euch ab und lauft als Staffel so schnell, wie ihr könnt.

Das war schon gut, aber jetzt müsst ihr noch etwas mehr Gas geben. Schafft ihr es, eure Zeit von gerade zu unterbieten?

Das habt ihr toll gemacht! Aber jetzt müssen die kleinen Ziegen noch Wasser bekommen. Jede Ziege genau 2 Liter. Leider habt ihr aber nur einen 5-Liter-Eimer und einen 3-Liter-Eimer. Schafft ihr es trotzdem, damit genau 2 Liter abzumessen? Und wenn ja, wie?

Wenn ihr das alles hinbekommen habt, bedanke ich mich bei euch sehr und gebe euch einen Umschlag, den ich in meinem Stroh gefunden habe. Ich weiß sowieso nicht, was ich damit anfangen soll. Mäh!

Eure Josi

Zeugenbrief 4: Abram

Guten Tag zusammen.

Ich bin Abram oder auch Abraham genannt. Und ihr wollt Sarais Magd Hagar finden? Das finde ich richtig gut. Ich habe auch schon nach ihr suchen wollen, aber ich bin nicht mehr so fit. Ich sehe zwar noch nicht so alt aus, aber ich bin schon über 80 Jahre alt. Kinder habe ich bisher noch keine, aber bald vielleicht. Meine Frau Sarai und ich haben uns schon immer Kinder gewünscht, und obwohl Gott es mir versprochen hat, haben wir noch immer kein Kind. Aber meine Frau Sarai ist ganz schön klug. Sie hat sich daran erinnert, dass ich laut Gesetz das Kind meiner Magd als eigenes Kind annehmen kann. Und da Hagar nun schwanger ist, werde ich hoffentlich bald Vater. Aber ehrlich gesagt, gefällt das Sarai nicht so gut. Sie scheint ganz schön traurig zu sein oder vielleicht auch wütend? So sicher bin ich mir nicht. Als Hagar gemerkt hat, dass sie schwanger ist, war sie fröhlich und vielleicht auch ein bisschen stolz oder sogar hochnäsig? Und das hat Sarai geärgert oder verletzt. Wisst ihr, ich kann nicht mehr so gut sehen, welcher Gesichtsausdruck es nun wirklich war.

Könnt ihr erkennen, welche Gefühle jemand hat, wenn ihr nur seine Bewegungen beobachtet? Teilt euch in drei Mannschaften auf. Mannschaft 3 bekommt die Augen verbunden. Mannschaft 1 bekommt gleich Karten gezeigt, auf denen ein Gefühl steht. Die Personen aus Mannschaft 1 dürfen nicht sprechen. Nun muss eine Person aus Mannschaft 1 den Begriff pantomimisch darstellen, also ohne zu sprechen, und eine Person aus Mannschaft 2

muss beschreiben, was sie sieht, aber ohne das Gefühl zu nennen. Die Personen aus Mannschaft 3 müssen versuchen, das gesuchte Gefühl zu erraten.

Das ist eine richtig schwierige Aufgabe, deshalb versucht es mal. Selbst wenn ihr nur einen Begriff erraten habt, seid ihr schon gut und habt euch den nächsten Umschlag als Belohnung verdient.   Euer Abram

Zeugenbrief 5: Kamel Hugo

Hallo, ich bin das Kamel Hugo!

Was treibt euch zu mir in diese öde Gegend. Ihr wollt wissen, ob ich Hagar gesehen habe? Wie sieht sie denn aus? Ach, die, ja, die habe ich gesehen! Die ist mir mitten in der Wüste begegnet. Ist einfach von zu Hause geflohen und ab in die Wüste. Und dann war sie ganz verzweifelt, weil sie nicht mehr wusste, wo die Wasserquelle ist, und davon gibt ja nur ganz wenige hier in der Wüste. Ohne Wasser kann man hier nicht lan-

ge überleben. Es sei denn, man ist ein Kamel wie ich. Ich kann viel Wasser in meinem Höcker speichern. Aber Hagar hat ja nun mal keinen Höcker, deshalb musste sie auch ganz schnell die Quelle finden. Ich habe ihr den Weg beschrieben, wie man dahin kommt, hoffentlich hat sie ihn sich merken können. Euch beschreibe ich auch den Weg. Ein Schritt nach vorne – zwei Schritte nach rechts – drei Schritte nach vorne – zwei Schritt nach links – einen Schritt zurück – zwei Schritte nach links – fünf Schritte vor – vier Schritte nach rechts – einen Schritt vor.

Wie, ihr konntet euch das nicht so schnell merken?

Dann müsst ihr es wohl ausprobieren. Jeweils eine Person darf das Feld betreten (entweder auf den Boden mit Kreide gemalt oder mit einer Spielfigur auf einem Blatt Papier). Sobald sie einen Schritt gemacht hat, wird ihr gesagt, ob der Schritt richtig oder falsch war. War der Schritt falsch, muss die nächste Person das Spielfeld betreten. Denkt daran, ihr arbeitet als Team zusammen und dürft euch Strategien überlegen, wie ihr euch den Weg am besten merken könnt, und der Person auf dem Spielfeld gemeinsam Tipps geben.

Viel Erfolg! Wenn ihr den Weg geschafft habt, findet ihr den Hinweis auf eine weitere Person.

Euer Hugo

					Ziel		
		Start					

Zeugenbrief 6: Engel des HERRN

Hallo zusammen!

Was macht ihr denn hier in der Wüste? Oh, ihr wollt wissen, wer ich bin und was ich hier mache. Ich bin der Engel des Herrn. Ich sehe gar nicht wie ein typischer Engel aus, meint ihr? Man könnte mich mit einem normalen Menschen verwechseln? Kann schon sein. Als Engel bin ich ja eher ein Bote Gottes und dazu muss man nicht immer engelig

aussehen. Ich würde die Leute sonst jedes Mal erschrecken. Und die junge Frau, die vorhin hier war, Hagar, die Magd von Sarai, war sowieso schon mit den Nerven am Ende. Sie hätte ich auf keinen Fall erschrecken dürfen. Da musste ich ganz behutsam sein, so vorsichtig wie mit einem rohen Ei, dachte ich zumindest. Sie war von zu Hause weggelaufen, weil Sarai sie mies behandelt hat. Na gut, Hagar hat sich auch nicht geschickt verhalten. Sie hat Sarai ganz schön gekränkt. Hat damit angegeben, dass sie nun ein Kind von Abram bekommt und die tollere von den beiden Frauen ist.

Aber dass Sarai sie dann gleich so behandeln muss und sie mit Arbeit nur so überhäuft, die ganze Zeit mit ihr schimpft und sie beleidigt, das war auch nicht gut. Als Hagar dann weggelaufen ist, hat Gott mich losgeschickt. Ich sollte ihr hinterhergehen. Und dann habe ich sie hier gefunden. Und wer sagt es, ich brauchte nur einmal fragen, wo sie herkommt und wo sie hinwill und sie

145

hat mir alles erzählt. Ich habe gemerkt, dass man sie gar nicht wie ein rohes Ei behandeln muss, also habe ich ihr klar gesagt, dass sie wieder zurückgehen und sich Sarai unterordnen soll. Aber ich habe ihr auch gesagt, dass sie einen Sohn bekommen wird und ihn Ismael nennen soll. Verheimlicht habe ich ihr nix, auch nicht, dass ihr Sohn so trampelig wie so ein Wildesel sein und sich mit anderen anlegen wird. Aber das hat sie ganz gut aufgenommen. Natürlich habe ich noch mehr Gutes gesagt, zum Beispiel, dass Ismael ganz viele Kinder haben wird. Und Kinder sind halt wirklich ein riesiges Geschenk und das weiß Hagar auch. Es bedeutet Macht und Reichtum und im Alter eine Altersversorgung. Tja und dann hat sie mich verblüfft. Obwohl ich ohne meine Flügel unterwegs war, hat sie gecheckt, dass ich von Gott gesandt bin. Denn plötzlich sagte sie zu mir: „Du bist ein Gott, der mich sieht." Ganz schön taff diese Frau, die brauchte ich wirklich nicht wie ein rohes Ei zu behandeln.

Ich kann euch übrigens verraten, wo sie jetzt ist. Apropos rohe Eier. Ihr habt Glück, denn es hätte auch passieren können, dass ihr die Aufgabe mit rohen Eiern erfüllen müsst. Nun dürft ihr gekochte nehmen. Die haben den Vorteil, dass man sie danach noch essen kann. Zeigt, ob ihr das gekochte Ei so vorsichtig wie ein rohes Ei behandeln könnt. Ihr bekommt verschiedene Materialien und müsst das Ei so gut verpacken, dass die Schale ganz bleibt, auch wenn ihr es aus mindestens zwei Metern Höhe hinunterfallen lasst. Ihr habt drei Versuche. Sollte es beim ersten nicht klappen, überlegt gemeinsam, was man verbessern kann.
Wenn ihr es sofort schafft, könnt ihr ja auch eine größere Höhe testen. Und wenn ihr es geschafft habt, sag ich euch, wo ihr Hagar findet.

Euer Engel des HERRN

Brief von Hagar

Hallo, ich bin Hagar!

Was, ihr habt mich auch gesucht? Danke! Jetzt bin ich glücklicherweise wieder zu Hause und es geht mir gut.

Ich weiß, ich hätte nicht weglaufen sollen, aber es ging nicht anders. Es nicht so gut gelaufen. Ich war so stolz, als ich gemerkt habe, dass ich schwanger bin. Und plötzlich habe ich gedacht, jetzt bin ich wer. Nicht nur die kleine Magd, die immer alles macht, was man ihr sagt. Ich war überglücklich. Jetzt bin ich jemand. Ich bin endlich toller als Sarai, meine Herrin. Ich kann endlich mal was, was sie nicht kann. Vielleicht achten mich jetzt alle und finden mich ganz toll.

So habe ich mich auch verhalten. Ich habe plötzlich nicht mehr alles gemacht, was ich sollte, und war auch gegenüber Sarai, meiner Herrin, nicht nett. Die Situation muss sie verletzt haben, zumal sie mich als ihre Magd eigentlich gut behandelt hat. Das war nicht nett von mir. Aber dann ist die Situation schlimm geworden. Sarai hat mich schrecklich behandelt. Sie hat mir plötzlich gezeigt, dass sie auch eine ganz furchtbare Herrin sein kann. Ich musste die widerlichsten, anstrengendsten

Aufgaben übernehmen, und ständig hat sie mich ausgeschimpft und bestraft. Ich habe es nicht mehr ausgehalten und bin weggelaufen in die Wüste.

Schließlich kam ich an einer Wasserquelle an. Aber was nun? Wo sollte ich hin und wie sollte mein Leben weiter verlaufen. Ich wusste es nicht. Ich saß da und war vollkommen verzweifelt. Da ist da plötzlich eine Person aufgetaucht, die mich scheinbar sogar kannte, denn sie sprach mich mit Namen an und kannte sogar meine Herrin. „Wo kommst du her Hagar, Sarais Magd, und wo willst du hin?" Und dann ist es nur so aus mir rausgesprudelt, weil ich gemerkt habe, ich bin der Person wichtig und sie hört mir zu und ich kann ihr alles erzählen. Wirklich alles, das, was ich falsch gemacht habe genauso wie das, wo mir Unrecht geschehen ist.

Und nachdem diese Person sich alles angehört hat, meinte sie, dass ich zurückgehen und mich Sarai unterordnen soll, aber auch, dass ich mit meinem Kind eine gute Zukunft haben werde und ich den kleinen Ismael nennen soll, das heißt übersetzt „Gott hat dein Klagen gehört". Da wurde mir klar, dass ich einem Boten Gottes, einem Engel, begegnet bin und dass Gott mich sieht und merkt, wie es mir geht, und es ihm nicht egal ist. Dann habe ich das gesagt, was ich in dem Moment kapiert habe: „Du bist ein Gott, der mich sieht." Mir war sofort klar, dass es Gott ist, der bei mir ist, mich sieht und liebt, egal, was ich falsch gemacht habe, und dass er nicht will, dass es mir schlecht geht.

Wie ist es bei dir? Vielleicht kennst du es auch, dass du was richtig falsch gemacht hast oder andere dich gemein behandeln und du am liebsten weglaufen würdest? Fliehen vor allem und allen und vielleicht sogar vor dir selbst? Ich kann dir aus meiner Erfahrung sagen, Gott sieht dich, und er sieht deine Situation.

Er sieht, wenn du was falsch gemacht hast und will trotzdem bei dir sein und dir helfen, dass die Situation wieder gut wird. Er sieht auch, wenn andere zu dir gemein waren oder sind. Er sieht, wenn es dir schlecht geht, und er will dich trösten und dir Kraft geben. Er lässt dich nie allein und will, dass du das weißt. Er will dir helfen, damit du – so wie ich – mit ihm jede Situation durchstehen kannst. Er kann alles ändern und will, dass alles gut wird.

Deshalb hoffe ich, dass du niemals vergisst, dass Gott dich sieht, weil er dich liebt!

Es gibt da ein tolles Lied, das das beschreibt. Wenn ihr mögt, dann bringe ich es euch bei. Es ist gleichzeitig auch ein Gebet, ein mega DANKE an Gott, weil er dich sieht!

Eure Hagar

Hey, du siehst mich!

Text und Melodie: Katrin Lindner 2022

1. Hey, Du siehst mich! Hey, Du liebst mich!
Gott, Du bist der Oberhammer, liebst mich so wie die beste Mama!

Refrain
Weil Du mich siehst! Oho! Weil Du mich liebst! Oho!
Und mir vergibst – nur so! Ja, das macht mich froh!
Weil Du mich siehst! Oho! Weil Du mich liebst! Oho!
Und mir vergibst – nur so! Ja, das macht mich stark!

2. Hey, Du siehst mich! Hey, Du liebst mich!
Fühle ich mich ganz schön miese, du holst mich aus jeder
Krise!

3. Hey, Du siehst mich! Hey, Du liebst mich!
Fühle ich mich noch so klein, Du lässt mich niemals allein!

4. Hey, Du siehst mich! Hey, Du liebst mich!
Waren Menschen zu mir gemein, du wirst immer bei mir
sein!

5. Hey, Du siehst mich! Hey, Du liebst mich!
Weisen mich Menschen in meine Schranken,
darf ich wieder bei dir auftanken!

6. Hey, Du siehst mich! Hey, Du liebst mich!
Und fühl ich mich voll darnieder,
mit Dir spiel ich in der ersten Liga!

Weil Du mich siehst! Oho! Weil Du mich liebst! Oho!
Und mir vergibst – nur so! Ja, das macht mich froh!
Weil Du mich siehst! Oho! Weil Du mich liebst! Oho!
Und mir vergibst – nur so! Ja, das macht mich stark!
Lauf ich vor andern weg! Ganz weit in ein Versteck!
So kommst Du hinterher! Du liebst mich so sehr!
Amen.

Hey, Du siehst mich

Katrin Lindner

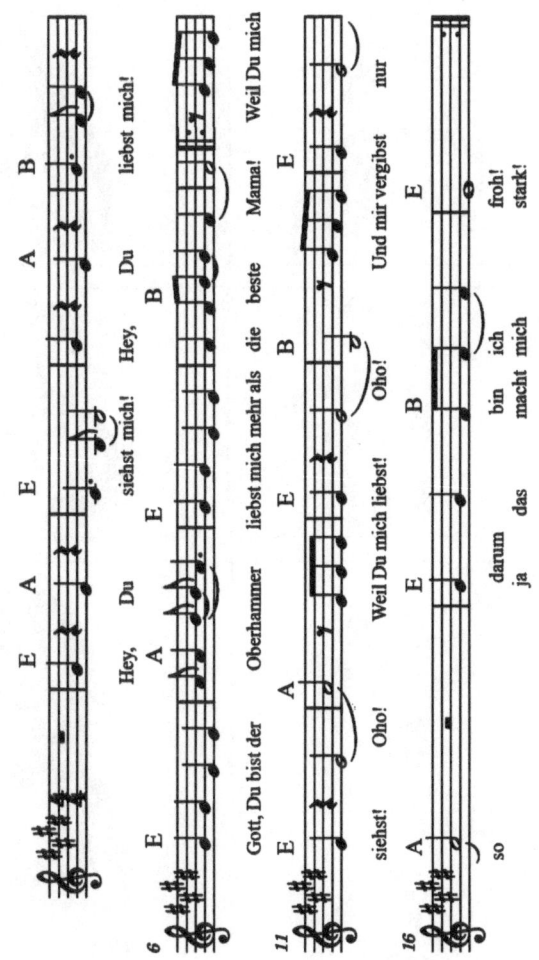

151

STUNDENENTWURF FÜR TEENAGER: EIN GOTT, DER MICH SIEHT

Dennis Weiß

Wichtiger Hinweis für Mitarbeitende, bevor es losgeht:

Die Story von Hagar ist heftig. Hagar ist in einer passiven Rolle, es wird über ihren Kopf hinweg über sie bestimmt. Ihre Grenzen werden ignoriert und sie hat keine Selbstbestimmung, auch nicht sexuell. Als Mitarbeitende im Teenkreis müssen wir uns bewusst machen, dass bei den Teenagern während der Stunde Erinnerungen an ähnliche Erfahrungen aufbrechen können. Erfahrungen von sexueller Gewalt und anderen Gewaltformen, Eltern mit Suchtproblemen, Mobbingerfahrungen in der Schule, oder Ähnliches. Deshalb ist es wichtig, gut hinzusehen, Reaktionen wahrzunehmen und die anderen Mitarbeitenden mit ins Boot zu holen, damit man alle im Blick hat und ggf. reagieren kann. Auch der Input schlittert scharf an einer Grenze zwischen Situationen vorbei, in denen die Jugendlichen nicht einfach drinbleiben sollten, sondern wo es eigentlich wichtig wäre, dass sie wissen, dass man etwas ändern bzw. Hilfe erfahren kann. Aber es gibt eben Momente, in denen man nicht einfach abhauen kann. Dann sind wir manchem im Leben ausgeliefert, können nicht weg und entdecken, wie man auch in widrigen Situationen leben kann. Deshalb ist es nötig klarzustellen, dass Hagar keine andere Wahl und Möglichkeit hatte zu überleben, als zurückzugehen.

Wichtig ist es für diese Stunde, dass die Teenager spüren und die Mitarbeitenden signalisieren, dass wir über alles reden können und gemeinsam nach Lösungsmöglichkeiten suchen. Eine gute Möglichkeit ist es auch, eine Notfallnummer vom Jugendamt oder die eines Sorgentelefons bereitzuhalten.

Jetzt geht's los.

Spiel: Ausbrechen (10 Minuten)

Material: dickes langes Seil

Die Gruppe steht im Kreis und hält ein Seil fest. Dieses muss an den Enden verknotet sein. In der Mitte stehen zwei bis drei Personen, die ausbrechen möchten. Sie können den Außenstehenden auf die Hände schlagen, um sich zu befreien. Die Haltenden dürfen das Seil aber auch loslassen, damit ihre Hände nicht abgeschlagen werden und die Personen in der Mitte nicht freikommen. Sollte das Seil auf den Boden aufkommen, dann müssen alle, die es an dieser Stelle losgelassen haben, in die Mitte.

Zur Einführung: Es lohnt sich zu betonen, dass die Ausbrechenden wirklich rauswollen und dafür viel Einsatz zeigen.

Überleitung: Hoffentlich wird keiner von euch mal aus einem Gefängnis ausbrechen müssen, aber es gibt auch Momente im Alltag, in denen man einfach nur weg möchte.

Einstieg: Bildkarten (10 Minuten)

Material: Fotos, Bilder aus Zeitschriften etc. von Orten aus dem Leben von Teenagern

Auf dem Boden werden verschiedene Fotos von Orten aus dem Leben von Teenagern ausgelegt, von denen sie eventuell schon mal ausbrechen wollten. (Klassenzimmer, Familientisch, Freundeskreis, Freizeit, Schulhof, Social Media/Internet)

Einleitung: Ihr seht hier verschiedene Orte, die so oder ähnlich in eurem Alltag immer wieder auftauchen. Gerade weil wir so viel Zeit dort verbringen, passiert es, dass wir an diesen Orten auch schlechte Erfahrungen sammeln. An manchen vielleicht sogar immer wieder. Der Ort kann dann zu einer Art Gefängnis werden, in dem ich mich unwohl fühle und am liebsten ausbrechen möchte oder wo ich gar nicht erst hinwill, es aber vielleicht trotzdem muss.

Nimm dir einen Moment Zeit und spüre mal nach, ob du schon einmal das Gefühl hattest, von einem solchen Ort ausbrechen zu wollen. Vielleicht kommt dir auch ein anderes Bild in den Sinn.

Ausführung: Die Jugendlichen schauen sich die Bilder an.

Überleitung: Wir begeben uns heute mal in eine Story, in der eine Person keinen anderen Weg mehr sieht, als einfach auszubrechen. Weg von dem Ort, an dem sie so mies behandelt wird.

Textarbeit: Comic/Bilderreihe (20–30 Minuten)

Material: pro Gruppe ein DIN-A3-Blatt mit sechs leeren Kästchen für Bilder, Stifte

Die Gruppe findet sich zu Kleingruppen mit je zwei bis vier Personen zusammen. Der Text (1Mose 16) kann entweder für alle laut vorgelesen werden oder die Kleingruppen lesen ihn für sich. Jede Gruppe bekommt ein Blatt Papier (DIN A3), auf dem bereits sechs leere Kästchen für Bilder vorgesehen sind, und die Aufgabe, die Geschichte in Szenen als eine Art Bilderreihe oder Comic wiederzugeben.

(Man kann auch acht Felder vorgeben oder bei der Anzahl der Szenen Freiheit lassen.) Je nachdem, wie viel Zeit man hat, ist es jedoch hilfreich, die Anzahl der Felder vorzugeben und die Gruppen so etwas zu begrenzen, damit die Textarbeit nicht den zeitlichen Rahmen überschreitet. Außerdem sollte man immer wieder auf die noch vorhandene Zeit der Arbeitsphase hinweisen. Es ist ebenfalls hilfreich zu betonen, dass es nicht auf künstlerische Perfektion ankommt und die Bilderreihe eher als Skizze dient. Weniger ist mehr – wenig oder kein Text und einfache Zeichnungen wie Strichmännchen genügen schon.

Am Ende stellen die Gruppen kurz gegenseitig ihre Bilderreihen vor und erzählen die Geschichte anhand ihres Comics und in ihrer Sprache nach.

Für die Leitenden ist es sehr spannend zu beobachten: Wie wird das Verhältnis zwischen Sarai und Hagar dargestellt? Wird am Ende ein Familien-Happy-End skizziert? Wie aktiv oder passiv tritt Hagar auf? Man sieht an den Bilderreihen sehr deutlich, was die Kleingruppen beschäftigt hat, und welche Aspekte der Geschichte sie vielleicht weniger wahrgenommen haben.

Vertiefung: Empathieübung (20 Minuten)

Material: Umrisse einer Person auf Tapetenbahn oder Flipchartbogen aufgemalt, Kreppband oder Straßenmalkreide, Liste mit Ausdrücken für Gefühle, Gedankenblasen aus Papier ausgeschnitten

Jetzt werfen wir noch einen genaueren Blick auf Hagar. Dafür kann man den Umriss einer Person auf Tapete oder einer Flipchart aufmalen oder als eine Art Bodenbild mit Kreppband am Boden abkleben oder mit Straßenmalkreide draußen aufmalen.

Dann versuchen wir uns als Gruppe in drei Runden in Hagar hineinzufühlen:

- Welche Gefühle und Empfindungen könnten bei Hagar aufgetreten sein? Das sammelt man bspw. in roter Schrift neben der Figur. Man kann zur besseren Übersicht negativ und positiv besetzte Gefühle jeweils auf einer Seite sammeln. Hierzu ist es hilfreich, sich vorher eine Gefühlsliste anzuschauen und sein Emotionsvokabular damit aufzufrischen.

- In der nächsten Runde geht es darum, in Gedankenblasen zu sammeln, was Hagar über Sarai denken könnte.
- Zuletzt sammelt man Aussagen, also Sprechblasen, zur Frage: „Gott sieht mich – was würde Hagar dazu sagen?"

Abschluss: Vier Orte (10 Minuten)

Material: vier beschriftete Zettel

Jetzt sind die Teilnehmenden gefragt. In der Geschichte taucht ein Gottesname auf, eine Kurzbeschreibung davon, wie Gott ist. *El roi*: Du bist ein Gott, der mich sieht. Den Teilnehmenden wird nun folgende Frage gestellt:

„Wie geht's dir mit diesem Gottesnamen, mit dieser Beschreibung von Gott?"

In vier Ecken des Raumes oder an vier Punkten, und natürlich auch dazwischen, können sich die Teenager dazu positionieren. Die Ecken bzw. Punkte werden mit folgenden Antwortmöglichkeiten versehen:

- Finde ich voll schön.
- Fände ich schön, aber es ist nicht so.
- Finde ich unheimlich.
- Finde ich komisch und gleichzeitig schön.

Nachdem sich alle positioniert haben, interviewt man sie einmal kurz, warum er oder sie sich so positioniert hat. Ein bisschen Nachbohren ist erlaubt und lässt einige interessante Statements aufkommen. Wenn jemand nichts sagen kann oder will, ist das auch in Ordnung. Beim Nachbohren können z. B. diese Fragen helfen: „Was findest du schön daran? Warum ist dir das unheimlich? Warum denkst du, ist es nicht so?"

Input (5 Minuten)

„Gesehen werden" – einerseits wollen wir das unbedingt. Wenn wir etwas richtig gut hinbekommen haben, bei einer guten Note, einem geilen Tor, einem nicen Move, einem tollen Outfit oder einem guten Spruch. Andererseits möchten wir, dass andere auch nur das sehen, was wir für gut an uns befinden. Wir achten mehr und mehr darauf: Wie sehen mich die anderen? Passt mein Style? Sitzt noch alles?

Wir zeigen nie alles. Wenn wir einander sehen, dann ist das immer auch ein bisschen Fake, also gestellt. Wir wollen auch gar nicht komplett gesehen werden. Vor allem nicht in unseren schlechten Zeiten, da, wo es uns dreckig geht, wo wir weinen oder die Tränen unterdrücken. Hagar wollte sich bestimmt einfach nur verkriechen. Nicht mehr bei Sarai sein, aber auch sonst bei niemandem, einfach weg. Raus in die Wüste. Vielleicht war es nicht die beste Idee, unvorbereitet und ohne Plan in eine Wüste zu gehen, aber alles ist besser, als an dem schrecklichen Ort von vorher zu bleiben.

Vielleicht kennst du das.

Und da kommt Gott zu ihr. Vielleicht ein Moment, in dem sie denken könnte: „Nein, jetzt nicht noch du, lasst mich doch alle einfach in Ruhe." Und dann stellt er auch noch eine Frage. Er fragt, wo sie hinwill.

Ja, wo sie hinwill! – Einfach weg, nur weg, wohin ist doch egal – einfach nur raus. Aber tatsächlich ist es das erste Mal, dass sie gefragt wird. Jemand fragt sie. Bisher wurde einfach über ihren Kopf hinweg entschieden. Sie hat nur Befehle empfangen, ohne dass sie jemals gefragt worden wäre, was sie will.

„Was will ich eigentlich? Wo will ich hin?" – Sie merkt, dass sie es selbst nicht weiß. Da ist nur dieses Gefühl von „Ich will weg hier". Aber sie wird sich vielleicht bewusst, dass es so auch nicht weitergehen kann. Was ist der nächste Schritt?

Dann spricht Gott wieder zu ihr: „Geh wieder zurück."

„Das will ich doch gerade nicht! Dort geht es mir absolut dreckig! Warum sollte ich zurück?" Sie denkt wieder an die Frage „Wo willst du hin?". Und sie merkt, sie kann nirgendwohin. Eine schwangere Frau ohne Geld, ohne irgendetwas – sie hat eigentlich keine Chance, irgendwo anders unterzukommen. Kein Mann würde sie mehr zur Frau nehmen, und wie soll sie sich, ohne irgendetwas zu besitzen, ein Leben aufbauen? Gott sagt ihr: „Geh zurück, denn woanders kannst du nicht leben. Ich werde mit dir sein, dich begleiten, dich segnen, dir eine Zukunft und Perspektive geben. Deinen Sohn werde ich groß und stark machen." Tief in ihr drin wusste sie es vielleicht schon: Sie muss zurück, sie kann nirgendwo anders hin. Aber die Kraft, wieder zurückzugehen, bekommt sie erst durch die

Erfahrung: Da ist einer, der mich sieht. Der wirklich hinschaut und wissen will, wie es mir geht.

Vielleicht geht es dir auch manchmal so. Du möchtest gerne raus und weg, ausbrechen aus manchen Situationen. Oft geht es vielleicht gar nicht. Manchmal sind wir im Leben Situationen und Dingen ausgeliefert, ohne sie ändern zu können. Die Familie nervt, ist peinlich und bescheuert, aber austauschen kann man sie nicht, und ohne sie geht es auch nicht. Bei den Mitschülern muss man aufpassen, nicht zur Zielscheibe zu werden, aber die Schule zu wechseln ist auch nicht so leicht. Manchmal muss man aber auch etwas verändern und kann es nicht länger so hinnehmen. Schulwechsel sind möglich, wenn die Klasse einfach kein Umfeld ist, das man weiterhin ertragen kann. Man muss sich nicht alles gefallen lassen, und es ist nicht okay, wenn sich andere, egal wer, über deine Grenzen hinwegsetzen. Und manchmal sind es auch die anderen, die Eltern oder wer auch immer, die Hilfe brauchen und etwas verändern müssen.

Egal in welcher Situation du steckst und wie dein Weg aussieht, ob du manchmal nur raus- und wegwillst, aber dann auch wieder zurückmusst, oder ob es dran wäre, einen neuen Weg einzuschlagen: Da ist ein Gott, der dich sieht, der nach dir sieht und dich fragt: „Wo geht's lang?" Der dich begleitet und dich segnen möchte mit einer Zukunft und neuer Perspektive.

Gebet (2 Minuten)

Ein Moment der Stille, in der alle mit Gott an die Orte, Erfahrungen und Situationen gehen können, in denen er oder sie lieber flüchten wollten.

Abschlussgebet

„Du bist ein Gott, der mich sieht. Du bist ein Gott, der alle meine Hochs und Freudenmomente gesehen hat, aber auch die Verletzungen und Narben, die ich mit mir herumtrage. Sie sind nicht sichtbar für andere, aber sichtbar für dich, Gott. Du siehst und weißt davon. Du willst bei mir sein. Amen."

Segen

Dieser Gott will mit seinem Segen bei uns sein:
Der allmächtige Gott,
der uns Menschen in diese Welt schickt
und am Ziel steht, um uns zu empfangen,
segne dich,
dass du auf deinen Wegen
durch ihn Kraft und Liebe empfängst.
Er behüte dich,
dass seine Engel dich schützend
umgeben in jeder Gefahr.
Er lasse sein Angesicht leuchten über dir,
dass sein Licht in deine Dunkelheit scheint.
Und er sei dir gnädig,
dass du jeden Tag neu beginnen kannst
und Vergangenes dich nicht erdrückt.

Er erhebe sein Angesicht auf dich,
um deine Trauer zu sehen
und das Leid mit dir zu tragen.
Er schenke dir seinen Frieden,
dass du trauern kannst in seinen Armen,
dass sein Trost dich stärke,
dass dein Blick sich weite
und dein Fuß einen Weg finde,
der dich in die Zukunft führt.
Amen.

STUNDENENTWURF FÜR JUGENDLICHE: VERBOCKT – UND TROTZDEM VERSORGT!

Corinna Kok

Vorüberlegungen für Mitarbeiter/innen

Mein Schulabschluss rückt näher, und meine Interessen und Talente stellen erste Weichen für den Beruf, den ich einmal ausüben werde. Meine erste große Liebe baut Brücken in ungeahnte Gefühlswelten und sortiert mein Bild von Familie aus einer ganz neuen Perspektive. Bei „Fridays for Future" war ich letztes Mal im Orga-Team dabei. In meiner ersten Fahrstunde darf ich auf der Fahrerseite des Autos Platz nehmen und steuere dann eine Tonne Metall durch die Stadt, die ich eigentlich nur vom Fahrradweg aus kenne. Meine Meinung ist gefragt – sogar politisch – und ich beginne, immer mehr Entscheidungen zu treffen, die mich, mein Aussehen und meine Art zu leben betreffen. Ich werde erwachsen. Und mit dieser Erkenntnis stolpert über kurz oder lang eine Frage in mein Leben, die einer Antwort bedarf: Wie will ich mein Leben gestalten?

Die Möglichkeiten, ein Leben zu gestalten, sind vielfältig. Wir verfügen über jegliche Freiheit, Chancen und Ressourcen, um jeder und jedem Heranwachsenden einen unbespielten Raum für das eigene Leben zu eröffnen. Die Möglichkeiten, ein Leben zu gestalten, sind aber gerade deshalb auch verwirrend. Wenn die Auswahl grenzenlos ist: Nach welchen Kriterien entscheide ich mich für das für mich Richtige? Die Möglichkeiten, ein Leben zu gestalten, sind trotz aller Freiheiten begrenzt. Pandemie, Klimakrise, Krieg und der ganz normale Alltag zwingen unsere Kraft und Ressourcen zurück in die Realität.

Wie will ich mein Leben gestalten? Im Licht dieser Herausforderungen verändert sich die Frage des Erwachsenwerdens. Wie gehe ich mit mir um, wenn mein Leben trotz aller Bemühungen an manchen Stellen nicht nach Plan läuft? Und welche Rolle spielt Gott in meinen Überlegungen?

Wenn du den Teilnehmenden in deiner Jugendgruppe, deinem Hauskreis oder in deinem Workshop eine neue Perspektive auf die Frage des Erwachsenwerdens zeigen möchtest, dann ist diese Einheit das Richtige für dich.

Einstieg (10 Minuten)

Ja, nein – und alles dazwischen

Lade die Teilnehmenden ein, sich im Raum zu verteilen. Definiere oder markiere eine Ecke des Raumes als Ja-Ecke, die gegenüberliegende wird zur Nein-Ecke. Lies deinen Teilnehmenden nacheinander folgende fünf Statements vor und bitte sie, in der Spanne zwischen Ja und Nein dazu Stellung zu beziehen: Wie stehst du dazu? Nehmt euch Zeit, nach jedem Statement innezuhalten und ohne zu werten wahrzunehmen, wer sich wo hingestellt hat. Wer mag, darf seine Position auch näher erläutern.

1. (Ich habe verstanden, wie diese Aufgabe funktioniert.)
2. Ich kann über die Gestaltung meines Lebens selbst entscheiden.
3. Ich habe einen Plan, wie mein Leben aussehen soll.
4. Ich beziehe die Ratschläge und Ideen von Familie und Freunden in meine Lebensplanung ein.
5. Gott hat in meiner Lebensplanung einen festen Platz.
6. Meine Pläne für mein Leben sind bisher aufgegangen.

Bibelzeit (30 Minuten)

Um die Möglichkeiten, ein eigenes Leben zu gestalten, geht es auch in der Geschichte von Abram, Sarai und Hagar.

Abram ist ein Mann von ungefähr 86 Jahren. Er lebt unter der Verheißung Gottes, der ihm ein Zuhause, viele Kinder und Segen für sein Leben versprochen hat. Bisher ist Abram noch nicht in dem versprochenen Land angekommen, und er hat auch noch keine Kinder.

Sarai ist die Frau von Abram. Sie ist ungefähr zehn Jahre jünger als ihr Mann – aber mit 76 Jahren biologisch eigentlich schon viel zu alt, um Kinder zu bekommen. Sie lebt aber auch mit diesem bisher unerfüllten Versprechen Gottes.

Hagar ist die Sklavin oder Leibmagd von Sarai, über deren Tun und Lassen und Leben Sarai entscheidet.

Wie diese drei nun ihr Leben gestalten, das gibt es bei 1Mose 16,1–15 zu lesen.

Lesen

Lest gemeinsam die Geschichte von Abram, Sarai und Hagar – in der ersten Runde gemeinsam, in der zweiten Runde lesen alle noch einmal leise für sich. Achte daher darauf, dass alle eine Bibel oder einen Ausdruck der Geschichte für sich zur Verfügung haben. Frage anschließend nach, ob es Verständnisfragen gibt, und klärt diese gemeinsam.

Ja, nein – und alles dazwischen

Lade die Teilnehmenden ein, sich im Raum zu verteilen. Aktiviere erneut die Ja- und die Nein-Ecke und bitte deine Teilnehmenden, sich zu folgenden Statements in der Spanne zwischen Ja und Nein zu positionieren. Nehmt euch nach jedem Statement Zeit, miteinander ins Gespräch zu kommen. Frage dazu deine Teilnehmenden nach den Gründen für ihre Position oder lass gegensätzliche Positionen miteinander diskutieren. Wichtig ist, dass jede Meinung und Position willkommen ist. Auch in dieser Statement-Runde wird nicht gewertet, sondern wahrgenommen und sich konstruktiv ausgetauscht.

1. Sarai hat alles richtig gemacht.
2. Ich kann verstehen, dass Hagar abgehauen ist.
3. Der Engel in der Wüste ist hilfreich.
4. Ich kann verstehen, dass Hagar zurückgeht.
5. Gott kümmert sich um Hagar.
6. Für Hagar wird jetzt alles besser.

Input (5 Minuten)

Sarai, Abram, Hagar und das Leben – so könnte man die Geschichte zur Jahreslosung überschreiben.

Gott hat längst eine Verheißung über ihr Leben ausgesprochen: Sarai wird ein Kind gebären, und Abrams Nachkommenschaft wird zahlreich. Diese Verheißung ist schon eine Weile her, Sarai und Abram werden immer älter. Die große Frage am Anfang der Geschichte ist: Vertrauen sie Gott? Nein. Letztlich tun sie, was ich persönlich auch tun würde: Ich nehme die Dinge lieber selbst in die Hand.

Ist doch menschlich! So geht das im Leben: Ich habe Wünsche, Ideen und Vorstellungen, wie mein Leben auf jeden Fall laufen soll. Schließlich leben wir auch in einem Zeitalter, in dem so viel möglich ist wie noch nie zuvor. Ich will und kann mein Leben gestalten. Und trotzdem bin ich in meinem Leben mit Grenzen konfrontiert. Das Leben ist nicht immer planbar, Dinge geschehen an mir, ich muss darauf reagieren, mich anpassen, mein Leben umgestalten, Entscheidungen treffen und manchmal eben auch einfach machen.

Ich verstehe Sarai. Wie soll es funktionieren, dass sie mit 75 Jahren noch Mutter werden soll? Biologisch unmöglich! Das menschliche Erfahrungswissen lässt diesen Gedanken nicht zu. Aber es gibt diese Idee, durch die eigene Leibmagd eine Art Leihmutterschaft einzufädeln – das Recht zu der Zeit machts möglich. Das sieht nach dem einzig logischen Weg aus, und Sarai nimmt die Dinge selbst in die Hand.

Ich verstehe auch Abram. Er ist irgendwie zwischen die Fronten gekommen, steht zwischen der unerfüllten Verheißung Gottes und seiner willensstarken Frau und soll sich an Geschehnissen beteiligen, die zu dieser Zeit gar nicht in seinen Zuständigkeitsbereich fallen. Er versucht, sich rauszuhalten – was will er auch machen, wenn sich Sarai etwas in den Kopf gesetzt hat und ihm sonst auch keine bessere Lösung einfällt.

Ich kann auch Hagar verstehen. Die hat – da sind wir uns alle einig – die blödeste Rolle in dem ganzen Konstrukt. Hagar ist in Sarais Plan einfach nur Mittel zum Zweck. Als Leibmagd – also als Sklavin – hat sie nicht das Recht, über ihre eigene Lebensgestaltung frei zu entscheiden. Das Leben geschieht unabänderbar an ihr. Dem Zufall oder dem Glück ist es überlassen, ob das Leben sich für sie erträglich gestaltet oder eben hart ist. Ich finde diesen Umstand aus heutiger Perspektive unerträglich. Ich verstehe, dass sie sich über Sarai erhebt und endlich einmal eigenständiger entscheiden möchte. Und erst recht stehe ich voll und ganz hinter ihr, als sie abhaut. Für sie ist das die einzige Möglichkeit, ihr Leben selbst in die Hand zu nehmen, auch wenn das vielleicht bedeutet, dass sie und ihr Kind in der Wüste umkommen. Hagar hat schließlich auch ihren Stolz.

Wohin führt das alles?

Sarai sitzt nach wie vor ohne Kind da. Die Verheißung bleibt unerfüllt. Abram hat sich schuldig gemacht. Er hat bei dem Geklüngel zwischen Sarai und Hagar die Hände in den Schoß gelegt und sie machen lassen. Hagar hockt als geflohene Sklavin schwanger in der Wüste und weiß nicht, wo und wie sie fortan leben soll.

Das alles führt in eine Sackgasse.

Wie leicht fällt es uns, an dieser Stelle zu sagen: Hätten die mal alle auf Gott vertraut, der machts doch schon!

Hätte Sarai einfach gewartet, dann wäre doch das Wunder an ihr geschehen und Gottes Verheißung hätte sich erfüllt. Dann hätte Abram seine Nachkommenschaft gründen können, ohne dass es zu Geklüngel kommt. Und Hagar wäre nicht als Mittel zum Zweck missbraucht worden und müsste nicht schwanger in die Wüste. Hätten die alle mal auf Gott vertraut … Aus der Rückschau fällt dieser Einwurf leicht: Hätten die mal! Wir wissen schließlich, dass es gut ausgehen wird.

Wenn du ehrlich bist, ist genau das der schwierigste Teil am An-Gott-Glauben – Vertrauen. An Gottes Verheißungen, die auch in dein Leben reichen, festhalten und ihn machen lassen, bis alles gut ist. Wie oft bist du ungeduldig, ohnmächtig und wütend, weil in deinem Leben die Dinge nicht gut sind – und das, obwohl du Gott mit deinem Bitten und Flehen in den Ohren liegst! Und das in ganz unterschiedlichen Bereichen: bei dir und deinem Wohlbefinden oder gar deiner Gesundheit, in deiner Familie, deinem Freundeskreis, deiner schulischen/beruflichen Laufbahn, deiner Stadt, deinem Land, der Welt! Deine Lebenswelt ist leider oft weit entfernt von deiner Vorstellung, deinem Plan und erst recht von Gottes Verheißung des anbrechenden Himmels auf Erden.

Wir sind ungeduldig, ohnmächtig, wütend. Wir sind voreilig. Wir versuchen, unsere Ohnmacht aus dem Herzen in die Hände zu bekommen und nehmen die Dinge gegen alle Versprechen Gottes viel zu gern selbst in die Hand. Manchmal kommt richtiger Bockmist dabei heraus wie im Fall von Sarai, Abram und Hagar.

Und das ist auch okay so!

Die große Botschaft in der Geschichte von Sarai, Abram und Hagar ist nicht: Hört auf zu planen und euer Leben zu gestalten, hört auf zu machen! Gott hat euch Großes verheißen – und bis sich das erfüllt, legt ihr bitte einfach die Hände in den Schoß und wartet!

Die große Botschaft ist nicht passives Vertrauen in Gott.

Die große Botschaft in der Geschichte ist: Du darfst und sollst dein Leben auch unter dem Schirm der Verheißung Gottes selbst gestalten. Nimm dein Leben in die Hand. Mach Pläne, gehe deiner Ungeduld nach. Und wenn's dann schiefläuft, das Leben dir querschießt, du in die Schusslinie fremder Machenschaften gerätst wie Hagar: Am Brunnen in der Wüste kommt Gott auch zu dir. Er fragt nach dir und deinem Leben. Wo kommst du eigentlich her, und wo willst du eigentlich hin? Er nimmt sich Zeit und dich in seine Fürsorge. Egal wie sehr du dich verrannt hast, Gott zeigt dir trotzdem den Weg durchs Leben. Auch auf dich warten Hagar-Momente, in denen du dich in die Fürsorge Gottes fallen siehst, obwohl du wie Hagar nicht einmal wusstest, dass Gott dir kleinem Menschen in deiner verzweifelten Rennerei durchs Leben auf den Fersen war. Voll Erstaunen darfst du flüstern: *„Du bist ein Gott, der mich sieht."* Denn das ist die große Botschaft dieser Geschichte: Gott sieht nach dir!

Die große Zusage in der Geschichte ist: Du fällst nicht aus der Fürsorge Gottes.

Die große Frage an dich ist: Planst du das in dein Leben ein?

Abschluss (10 Minuten)

Ja, nein – und alles dazwischen

Lade die Teilnehmenden ein, sich im Raum zu verteilen. Aktiviere erneut die Ja- und die Nein-Ecke und bitte deine Teilnehmenden, sich zu folgenden Statements in der Spanne zwischen Ja und Nein zu positionieren. Die letzte Runde erfolgt unkommentiert. In dieser Runde geht es darum, dass alle sich eine Position finden dürfen. Nehmt euch Zeit, es darf ruhig und nachdenklich zugehen. Du kannst nach jedem Statement einladen, ob jemand etwas zu ihrer oder seiner Position sagen möchte. Respektiere, wenn niemand etwas sagen möchte.

1. Meine Pläne für mein Leben sind bisher aufgegangen.
2. Wenn etwas schiefläuft, habe ich eine Idee, wie ich damit umgehe.
3. Ich möchte Gott in meine Lebensplanung einbeziehen.
4. Ich bin mir sicher, ich falle nicht aus der Fürsorge Gottes.
5. Ich will/kann sagen: Du bist ein Gott, der mich sieht.

Segen

Schließt die Einheit mit einem Segen:

Es soll keinen Tag geben, an dem du sagen musst, ich halte das so nicht mehr aus. Es soll keinen Tag geben, an dem du sagen musst, es ist keiner da, der mir hilft und mit mir weitergeht. In all deiner Ungeduld, deinem Hoffen und Verzagen, deinem Machen und Lassen, deinem Gelingen und Scheitern, in all deinem Lebengestalten und Lebenleben ist gewiss: Du fällst nicht aus der Fürsorge Gottes. Amen. (Frei nach Uwe Seidel)

STUNDENENTWURF FÜR JUNGE ERWACHSENE, HAUSKREISE UND GEBETSABENDE: WAS BLICKE SAGEN KÖNNEN ...

Annemarie Klemm, Vera Schraml, Martina Walter-Krick

Der Bibeltext 1Mose 16,1–31 wird vorgelesen. Danach erhalten die Teilnehmenden Zeit, den Abschnitt selbst noch einmal in Ruhe zu lesen.

Beim Betrachten des Bibeltextes soll es um das „Hinschauen" und die „Blicke" gehen. Dazu gibt es sechs verschiedene Stationen mit verschiedenen Blickrichtungen auf die Geschichte. (Die Überschriften der Stationen werden kurz genannt und erläutert, an welchen Orten sie zu finden sind.) Die Reihenfolge darf jeder selbst bestimmen. Lediglich die Station 6 sollte für alle die letzte Station sein. Es wird eine Uhrzeit ausgemacht, zu der alle wieder zusammenkommen, um die Zeit gemeinsam mit Lied, Gebet und Segen abzuschließen.

Während die Teilnehmenden bei den einzelnen Stationen unterwegs sind, kann im Hintergrund ruhige Musik abgespielt werden, um eine entspannte Atmosphäre zu schaffen.

175

1. Abraham sieht Sara

Material: Karten, Briefpapier, Stifte, Briefumschläge

Abrahams Blick auf seine Frau war liebevoll und wertschätzend, obwohl Sara keine Kinder bekommen konnte. Kinderlosigkeit war zu biblischer Zeit ein schwerwiegendes Problem, weil Nachkommen die Versorgung und das Ansehen der Familie sicherstellten. Abraham hätte sich einfach von Sara trennen können, aber er liebte seine Frau – trotzdem …

An dieser Station findest du Karten und Briefpapier und Umschläge. Nimm dir Zeit und überlege, wem du schon lange nicht mehr (oder noch nie) gesagt hast, wie sehr du ihn oder sie schätzt. Schreib dieser Person eine Karte oder einen Brief. Im zweiten Schritt kannst du überlegen, ob du den Brief / die Karte tatsächlich weitergeben willst oder ob du dem oder der anderen deine Wertschätzung auf eine andere Art zeigen willst.

2. Sara sieht sich selbst

Material: großer Spiegel und / oder mehrere kleine Spiegel, grüne und rote Zettel, Stifte

Sara war verzweifelt. Sie konnte keine Kinder bekommen. Das war eine schwere Last für sie. Das war doch ihre Aufgabe, und diese konnte sie nicht erfüllen. Vielleicht fühlte sie sich ungenügend oder minderwertig, zu nichts zu gebrauchen ...

Kommen dir solche Gedanken auch manchmal? Schau in den Spiegel und betrachte dein Spiegelbild. Wie siehst du dich selbst? Was siehst du äußerlich? Was „siehst" du innerlich? Welche Gedanken kommen dir, wenn du über dich selbst nachdenkst?

Wenn du möchtest, schreib auf den grünen Zettel, was du an dir gut findest (Eigenschaften, Fähigkeiten, Stärken), und auf den roten Zettel das, was du nicht magst (worüber du dich bei dir selbst ärgerst, was dir nicht gelingen will ...).

Wenn du magst, kannst du vielleicht mit jemandem über deine Zettel sprechen (zum Beispiel bei Station 5).

3. Sara sieht auf Hagar

Material: Plakatbögen, dicke Faserschreiber

Sara hatte einen Plan und dafür konnte sie Hagar gebrauchen. Sie sollte stellvertretend für Sara ein Kind von Abraham bekommen. Sara sah nicht die Person Hagars, sondern sie sah sie nur als Mittel zum Zweck. Hagar wurde ausgenutzt.

Denk einmal darüber nach, wo Menschen in unserer Gesellschaft ausgenutzt werden und wir kaum darüber nachdenken, welche Persönlichkeiten hinter den Diensten stehen, die wir tagtäglich in Anspruch nehmen. Wenn du magst, kannst du ihre Namen oder ihre Funktion auf das Plakat schreiben.

Vielleicht magst du dir einen Augenblick Zeit nehmen, um für die Menschen zu beten, die sich für uns einsetzen. Wir können uns vornehmen, diese Menschen im Supermarkt oder sonst wo einmal bewusster anzusehen, ihnen ein gutes Wort zu sagen.

4. Hagar blickt auf Sara

Material: Flipchartbogen oder großes Plakat mit der Aufschrift: „Alle Not kommt vom Vergleichen"; Zettel mit Bibelversen, die uns unseren Wert zusprechen, z. B. 1Mo 1,31; Ps 139,14; Ps 46,2; Ps 139,5; Ps 139,14; Jes 43,4 etc.

Hagar blickte auf Sara herab. Obwohl sie als Sklavin gesellschaftlich niedriger stand, blickte Hagar auf Sara herab, weil sie etwas hatte bzw. konnte, was Sara unmöglich war. Sie konnte ein Kind bekommen, Sara nicht.

Wo erlebst du in deinem Alltag, dass auf Menschen herabgeschaut wird? Was sind die Gründe dafür? Hast du schon selbst erlebt, dass auf dich herabgeschaut wird? Wie fühlt sich das an? Kennst du das Gefühl, etwas besser zu können als andere und endlich auch mal triumphieren zu können? Wie fühlt sich das an?

Ein Sprichwort sagt: „Alle Not kommt vom Vergleichen." Kannst du dieses Sprichwort bejahen? Warum vergleichen wir uns mit anderen? Durch wen oder was lassen wir unseren Selbstwert bestimmen?

Bevor du die Station verlässt, kannst du dir einen Zettel mit einem Bibelvers mitnehmen.

5. Gott sieht Hagar an

Material: Stühle, Kniebänke, Kissen, evtl. ein Kreuz, vielleicht ein paar Teelichter, 1–2 Mitarbeiter/innen, die für Gebet und Segen zur Verfügung stehen. An dieser Station kann man zur Ruhe kommen, beten oder sich segnen lassen

Gott nahm Hagar in ihrer Situation ernst. Der Bote Gottes, der ihr begegnete, nannte Hagar beim Namen. Sie war keine anonyme Magd, sondern Gott hatte sie als Person mit in ihrer Situation im Blick.

Gott sieht dich. Er nimmt deine Situation, deine Fragen, Bedürfnisse oder Ängste ernst. Hagar ist ihm nicht egal, und du bist ihm auch nicht egal. Er lädt dich ein, dein Herz bei ihm auszuschütten.

Es folgt eine Zeit für Gebet. Zeit für Seelsorge. Zeit, persönlich bewusste Zeit mit Gott zu gestalten.

6. Hagar erkennt Gott

Material: Papier und Stifte, Briefumschläge

Hagar erkannte Gott und nannte ihn „Gott, der mich sieht / Gott des Hinschauens".

An dieser Station besteht die Möglichkeit, einen Brief an Gott zu schreiben. Die folgenden Fragen können als Anhaltspunkte dienen:

- Fühle ich mich wohl oder unwohl bei dem Gedanken, dass Gott mich sieht?
- Warum?
- Hatte ich schon einmal das Gefühl, dass Gott mich ansieht?
- Wann hatte ich das Gefühl, nicht gesehen zu werden, sondern allein zu sein? (Auch für Klage kann hier Platz sein.)
- Wie sehe ich Gott? Welche seiner Eigenschaften feiere ich gerade? Welche sind mir fremd?
- Wie möchte ich ihn ansprechen? (Hier ist Platz das vor Gott zu benennen.)

Die Briefe nimmt anschließend jeder mit sich nach Hause. (Anregung: den Inhalt des Briefes zum eigenen Gebet machen.)

Der Abend wird mit ein paar Liedern und einer Gebetsgemeinschaft beendet.

SENIORENTREFFEN:
EIN GOTT, DER MICH SIEHT

Ein Bibelgespräch mit Verkündigungsimpuls
zu 1Mose 16,1–16

Birgit Hasenberg

Die folgenden Impulse eignen sich für die Gestaltung eines Bibelgesprächs im Seniorenkreis, können aber sicherlich auch für andere Gruppengespräche genutzt werden. Der Einstieg in die Gruppenstunde kann ortsüblich gestaltet werden.

1. Begegnungen mit der Jahreslosung

Über den Beamer oder als Postkarten (oder Kopien) werden einige Wort-Bild-Gestaltungen zur Jahreslosung 2023 gezeigt. Die Gruppe wird eingeladen, über ihre Entdeckungen zu sprechen:

- Wie wird die biblische Erzählung aus 1Mose 16 im Bild aufgegriffen? Welche unterschiedlichen Veranschaulichungen werden von den Künstlerinnen und Künstlern für das Bibelwort ausgewählt?
- Welche Darstellung ist Ihnen besonders fremd? Welche spricht Sie besonders an?
- Wie wird dargestellt, dass *„Gott mich sieht"*?

- Ist dieses Bibelwort der Jahreslosung eher eine Ermutigung oder eine Zumutung? Wie hören Sie es – und warum?

2. Anregungen zu einer gemeinsamen Entdeckungsreise am Bibeltext

„Du bist ein Gott, der mich sieht." – Das ist das Bekenntnis einer Frau, der in fast aussichtsloser Situation von Gott her eine neue Chance im Leben gegeben wurde. Lassen Sie uns gemeinsam dieser Erzählung aus 1Mose nachspüren. Was bringt eine Frau dazu, ein solches Bekenntnis auszusprechen?

- Gemeinsames Lesen des Bibeltextes 1Mose 16,1–16 (Basisbibel), dabei haben alle den Text vor Augen, entweder auf einem Blatt, einer Präsentation oder in ausgeteilten Bibeln.
- Danach wird die Erzählung abschnittsweise erschlossen, dabei kann zunächst die Gruppe reagieren und in einem zweiten Gesprächsschritt können folgende Verkündigungsimpulse genutzt werden:

Der Verheißungsstau (1Mose 15,18; 1Mose 16,1)
Ich greife zurück auf das vorige Kapitel, an das sich unsere Erzählung direkt anschließt: (Die oben genannten Verse vorlesen.)

„An dem Tage ..." Es war der Tag, an dem Abram keine Geduld mehr hatte. Sicher, erneut hat er Gottes Verheißung ganz persönlich gehört, aber sie hat ihn nicht ermu-

tigt, sondern unter Druck gesetzt, denn bisher hat er noch keine Nachkommen. Ja, Abram geht sogar so weit, dass er schon seinen Knecht Elieser als Erben seines Besitzes sieht. Und der HERR? Er bleibt geduldig und Abram zugewandt. Mehrfach wiederholt er seine Verheißung, doch all die Verheißungen ändern die eine Tatsache (noch) nicht:

Sarai bekommt kein Kind, und das ist ein Problem. Die Verheißung Gottes begleitet Abram und Sarai schon ein Jahrzehnt, aber es ist ihnen noch kein einziges Kind geboren worden. Stecken die beiden im Verheißungsstau?

Das Ziel steht ihnen klar vor Augen, aber es gibt keine Möglichkeit für sie, an dieses Ziel zu kommen.

Der Lösungsansatz Sarais (1Mose 16,1b–2)

Die Zukunft steht auf dem Spiel.

So sieht es Sarai. Und sie sieht auch, wenn Abram eigene Nachkommen angekündigt wurden, dann ist wohl sie selbst, seine Frau, das Problem. Denn schließlich wird sie nicht schwanger. Wenn also nicht Elieser der Erbe sein soll, dann braucht Abram wirklich und wahrhaftig einen Sohn. Und wenn Sarai keinen gebären kann, dann braucht es vielleicht eine Leihmutter.

Sarai denkt an ihre Sklavin Hagar, eine Ägypterin, die in ihren Diensten steht. Nach altorientalischem Brauch ist es Sarais gutes Recht, sich von einer Leibeigenen ein Kind austragen zu lassen. Ihre Idee ist damals keinesfalls unüblich. In den Vätergeschichten der Bibel wird immer wieder davon berichtet, dass der Mann mehrere Frauen hatte und dabei auch die Mägde der Ehefrauen als Nebenfrauen. Auch deren Kinder wurden als legitime Kinder angesehen, denn ihre Zugehörigkeit war völlig klar: Wenn die Sklavin der Sarai von deren Ehemann Abram schwanger wird, dann ist das Kind, das Hagar austragen wird, rechtlich das Kind von Abram und Sarai.

Somit hat Sarai eine Lösung gefunden, wie die Verheißung Gottes umgesetzt werden kann. So denkt sie. Eine Lösung, die sogar rechtlich korrekt ist.

Die Umsetzung der „Lösung" (1Mose 16,3–4a)

Fakt ist: Abram lässt sich auf die Idee von Sarai ein, und Hagar wird tatsächlich schwanger. Ob Sarai mit Gott im Gespräch gewesen ist, als sie auf diese Lösung gekommen ist? Das wird nicht berichtet. Zumindest fragt Sarai weder Hagar noch Abram, ob sie diesen Lösungsansatz überhaupt umsetzen wollen. Aber sie tun es.

Die Umsetzung führt zu dem gewünschten Erfolg. Hagar wird schwanger. Und Gott? Er sagt nichts dazu. Er greift nicht ein. Er lässt seine Menschen gewähren – den Abram, die Sarai und auch die Hagar.

Eifersucht unter Frauen (1Mose 16,4b–5)

Hagar wird wie erwünscht schwanger und: Sie wird aufsässig. Plötzlich blickt sie herab auf ihre Herrin. Nun haben wir keine Ahnung, wie gut sich die beiden Frauen vorher verstanden haben. Das rechtliche Verhältnis war klar. Aber vielleicht waren sie einander ja freundschaftlich zugetan. Wahrscheinlich hätte Sarai den Vorschlag nicht gemacht, wenn sie Hagar völlig unmöglich gefunden hätte. Aber das sind natürlich nur Vermutungen. Doch jetzt, in dieser neuen Situation, entdeckt Hagar: Ich bin wichtig, denn ich trage den Erben in mir. Ich kann dem Herrn einen Sohn gebären. Etwas, was seine Frau nicht konnte.

Eifersucht macht sich breit. Bei Sarai macht sich auch Angst breit. Wird Abram weiterhin zu mir stehen? Oder wird nun für ihn Hagar, die Mutter seines Kindes, wichtiger werden? Sarai braucht Klärung und spricht Abram auf das Problem an. Dabei bringt sie auch den HERRN zur Sprache.

Abram bleibt loyal gegenüber seiner Frau Sarai. Doch einmischen will er sich nicht. Abram verweist darauf, dass Hagar Sarais Magd ist. Damit ist das Besitzrecht Sarais bestätigt. Sie ist die Herrin. Sie kann Anweisungen geben, und Hagar wird von Sarai in ihre Schranken gewiesen. Denn sie muss ja wissen, wem sie gehört, und vor allem, wem das Kind in ihrem Leib gehört.

Notwendigkeit zur Flucht (1Mose 16,6b)

Zwischen Abram und Sarai ist alles klar. Abram steht loyal zu seiner Frau. Für ihn war die Nacht mit Hagar nur ein Mittel zum Zweck. Als Person ist ihm Hagar nicht wichtig. Und was ist nach all dem mit Hagar?

Wie allein sie sich wohl fühlt? Da scheint es niemanden zu geben, der zu ihr hält; dem sie vertrauen kann; der einen Blick für ihre Situation hat.

Sicher, als sie schwanger ist, begegnet sie Sarai stolz und überheblich, aber ist ihr das zu verdenken? Missbraucht – gedemütigt – mit Härte behandelt: So erlebt sie sich selbst und will nur noch weg.

Sie flieht in die Wüste. Wohin auch sonst? Sie flieht in den sicheren Tod.

Gefunden und gefragt! (1Mose 16,7–8)

Immerhin kennt sie eine Wasserquelle in der Wüste auf dem Weg nach Schur. Dorthin flieht sie, und mit dem Wasser ist für Mutter und Kind eine Überlebenschance gegeben. Zumindest eine Zeit lang. Aber durch die ganze Schwangerschaft hindurch? Das wohl kaum.

Doch genau dort wird Hagar gefunden. Ein Engel, ein Bote des HERRN, findet sie, die Frau, die weggelaufen ist. Er findet sie, weil er sie gesucht hat. So muss es sein. Denn es heißt nicht: Ein Engel des HERRN traf auf sie oder begegnete ihr, nein: er findet sie, weil er sie – und genau sie – suchen sollte.

Deshalb spricht er sie auch mit vollem Namen an: *„Hagar, du Magd Sarais"*. Wie wichtig ist es doch, Menschen mit ihrem Namen ansprechen zu können. Der eigene Name gibt uns Würde. Keine von uns will nur mit „He – du da!" angesprochen werden. Und nun erlebt es Hagar in dieser lebensfeindlichen Situation in der Wüste, dass es da einen gibt, der sie kennt und der sie wertachtet.

Und dann stellt der Bote des HERRN ihr zwei klare Fragen: *„Wo kommst du her und wo willst du hin?"* Das Woher kann sie beantworten. *„Ich bin von Sarai, meiner Herrin, geflohen."* Aber zu dem Wohin hat sie keine Idee.

Hagar wusste nur, dass sie wegwollte – aber wohin eigentlich?

Wegweisung und Verheißung (1Mose 16,9–12)

Und der Bote Gottes gibt ihr darauf eine Antwort: *„Geh wieder zurück!"* Geh zurück und ertrage auch die Härte deiner Herrin.

Was für eine seltsame „Rettung", nicht wahr? Das hatten wir nicht erwartet, dass der Engel des HERRN Hagar in dieselbe Misere wieder zurückschickt. Hätte es da nicht eine bessere Lösung geben müssen? Aber was wäre denn besser? Welches Wunder stellen wir uns vielleicht ganz naiv vor? Dass ein Prinz vorbeikommt, sich in Hagar verliebt und sie trotz Schwangerschaft mit in seinen Clan nimmt und als Frau akzeptiert?

So etwas mag es auch geben. Und nicht nur im Film. Aber Gottes Wegführung sieht für Hagar anders aus.

Denn Hagar soll nicht einfach nur so zurückgehen. Sie wird durch den Engel des HERRN gestärkt mit einer Verheißung, die ihr und ihrem Sohn gilt. Sie, die Frau aus Ägypten, erhält auch eine Verheißung für ihren Sohn: Sie wird viele Nachkommen haben. Ihr Sohn wird mit einem Namen beschenkt: Ismael, Gott hört, und er wird ein wilder Mensch sein. Einer, der auch Konflikte aushalten muss.

Hatten Sarai und Abram die Magd Hagar nur „benutzt", so erfährt sie nun: Gott, der HERR, schenkt mir echte Wertschätzung. Er sieht mich wirklich.

Der Name des HERRN: Du siehst mich!
(1Mose 16,13–14)

Diese überwältigende Erfahrung bringt Hagar dazu, Gott einen Namen zu geben: *El Roi, „Du Gott, der mich sieht"* oder auch: *„Gott sieht nach mir"*.

Sie nennt diesen Gottesnamen, weil sie aus ihren Erfahrungen mit Sarai und Abram weiß, was es bedeutet, nicht gesehen, als Person nicht beachtet zu werden. Doch auch sie, die Sklavin, die Ausländerin, die Flüchtlingsfrau, wird von Gott, dem HERRN, gesehen.

Die Geschichte von Sarai und Abram ist auf einmal die Geschichte der Hagar geworden. Ihre Erfahrung gibt sogar einem Ort seinen Namen. Der Ort des Geschehens, der Brunnen, wird benannt: Brunnen des Lebendigen, der mich sieht. Jeder, der später aus diesem Brunnen schöpft, wird sich an die Gottesbegegnung Hagars erinnern.

„Du bist ein Gott, der mich sieht." Das ist etwas Einmaliges, dass hier eine Frau, zudem eine Sklavin und eine Ausländerin, dem Gott Israels einen Namen gibt. Fast können wir sagen: Hagar ist die erste Theologin; die Erste, die nicht nur mit Gott redet, sondern die auch für ihre Erfahrung mit Gott Worte findet.

Selbst Mose beim Dornbusch wird erst nach dem Namen Gottes fragen, doch Hagar – die Ägypterin und Mutter Ismaels – begegnet Gott. Dem Gott, der hinschaut, der sich einer Fremden offenbart, der sie mit Worten der Verheißung stärkt. Und Hagar findet dafür Worte: *El Roi, du bist ein Gott, der mich sieht.*

Die Geburt Ismaels (1Mose 16,15–16)
Zum Abschluss berichtet der Erzähler nur noch knapp davon, dass Hagar dem Abram einen Sohn gebar. Und der Vater nennt seinen Sohn Ismael, genauso wie es der Bote des HERRN angekündigt hatte.

Von Hagar zu uns: Du bist ein Gott, der mich sieht.
Hagar hat für ihr Leben entdecken dürfen, dass es da einen

Gott gibt, der sie wirklich sieht und ansieht – und das auch noch mit Liebe und Barmherzigkeit.

Sie ist zu Sarai und Abram zurückgekehrt. Und ihr Leben ist auch weiterhin kompliziert geblieben. Viele Jahre später wird sie sogar noch einmal fliehen, dann zusammen mit ihrem Sohn. 1Mose 21 berichtet uns darüber.

Aber sie hat entdeckt: Es lohnt sich, zu diesem lebendigen Gott Vertrauen zu haben. Er stärkt und führt – und trägt auch hindurch.

Und Sarai und Abram? Was geht uns durch den Kopf, wenn wir an diese beiden denken?

Jahr um Jahr warten sie darauf, dass sich Gottes Verheißung erfüllt, und nichts passiert. Nein, es ist nicht verwunderlich, dass Sarai nach einem Jahrzehnt auf die Idee kommt, dass es eine Lösung geben muss. Vielleicht hat sie sich auch gefragt: Gott hat uns doch unseren Verstand geschenkt, also können wir doch auch selbst auf Lösungen kommen, oder etwa nicht?

Ich kann Sarai zumindest verstehen. Sie muss seit Jahren unter einem enormen Druck gelebt haben, denn bei aller guten Gefährtenschaft mit Abram, eines hatte sie ihm nicht schenken können: den verheißenen Sohn.

Vor einiger Zeit habe ich eine Geschichtssendung über das englische Königshaus zu Zeiten Heinrichs VIII. gesehen. Immer wieder war in der Dokumentation der Satz zu hören: *Und Heinrich brauchte eine Frau, die ihm einen männlichen Erben schenken konnte, damit das Haus Tudor gesichert ist*. Seine Frauen sind im 16. Jahrhundert auch ganz schön unter Druck gekommen. Von zweien trennte er sich sogar durch die Hinrichtung.

Ich musste an Sarai denken: Unter was für einem Druck hat sie leben müssen? Unter was für einem Druck haben immer wieder Frauen leben müssen, die in einer Umgebung leben, in der erwartet wird, dass sie einen Erben gebären?

Unsere Gesellschaft hat sich geändert; die Lebensbedingungen haben sich wirklich deutlich geändert – für Männer und für Frauen. Aber *ähnlichen Druck* können Paare auch heute erleben oder sich selbst machen – gerade auch in unseren christlichen Gemeinden.

Denn schließlich ist eine christliche Ehe doch grundsätzlich offen für Kinder, oder etwa nicht? Und wenn einem Paar keine Kinder geboren werden, wie „christlich" ist dann diese Ehe? Sicher, es mag heute gesellschaftlich nicht mehr so sehr um den männlichen Erben gehen, es sei denn, das Ehepaar gehört zum Hochadel oder zu einem Königshaus. Doch wie schnell kann der unerfüllte Kinderwusch für Ehepaare zu einer intensiven Belastung ihrer Beziehung werden? Gerade in einer Zeit, in der medizinisch-technisch ganz viel möglich ist. Ja, in einer Zeit, in der es auch (wieder) Leihmütter geben kann, da muss doch ein Paar nicht kinderlos bleiben.

Aber heißt es nicht in Psalm 127,3: *„Siehe, Kinder sind eine Gabe des HERRN, und Leibesfrucht ist ein Geschenk."* Können wir aushalten – für uns selbst und auch für andere –, wenn Paare dieses Geschenk nicht erhalten?

Wie auch immer das eigene Leben verläuft, wie auch immer wir mit langen Wartezeiten leben und dann auch Entscheidungen treffen, wir dürfen im Glauben unterwegs sein mit Gott – weil er uns sieht und auch uns Ansehen schenkt.

Und vielleicht machen wir wie Hagar positive Erfahrungen mit diesem Gott. Denn, HERR, du bist *EL-Roi* – der Gott, der mich sieht.

Dafür sei dir Lob und Dank!

Amen.

Lyrisches

POETRY SLAM

Spoken Word in Anlehnung an die Jahreslosung

Stephan Mansour

Komm, wir spielen.
„Ich sehe was, was du nicht siehst",
sag ich zu dir und fange an.
Ich geh zum Spiegel, schaue rein
und hab gewonnen.

Wieso fühlt sich das manchmal so an?
Ich schau nach oben, doch da oben
sehe ich keinen, der zurückschauen kann.

Und auch wenn ich durch die Straßen ziehe,
kommt mir Jesus nicht entgegen.
Zu sagen, „Du bist ein Gott, der mich sieht",
wirkt ab und an daneben.

Doch jemand hat mal gesagt:
„Du bist ein Gott, der mich sieht."
Vielleicht kann man das ja auch erst
auf den zweiten Blick verstehen.

„Du bist ein Gott, der mich sieht."

Du. An diesem wird der Mensch zum Ich.
Und so ein Gegenüber klingt ja auch nicht schlecht.
Doch ob ich dich deswegen besser sehe?
Ich würd noch sagen, ich weiß es nicht.

Du bist. Immer für mich da.
Sagen sie, doch wenn
ich Sorgen & Probleme hab,
bist du mir manchmal fremd.
Ob du mich siehst? Ich weiß es nicht.

Du bist ein. Und drei in eins.
Bist du also für alle(s) bereit?
Du bist mir einer. Ungewohnt
vielleicht: Würdest du dich mir zeigen?

Du bist ein Gott. Nicht irgendeiner.
Hast dich geerdet wie kein Zweiter.
„Down to earth" dein Blick auf
eine klitzekleine Welt – ja, deine.

Du bist ein Gott, der. Vieles ist.
Und manchmal für mich nur manches.
Doch was ich weiß, ja, sicher ist:
Mein Denken über dich ist unfertig.

Du bist ein Gott, der mich. Oft genug zum Lachen bringt.
Und der mich ehrlich tief berührt.
Dem es immer wieder neu gelingt,
mir Wahrheit abzuspür'n.

Was denn nun? Sind wir uns fremd?
Oder siehst du mich genau?
Und was, wenn ich dich auch sehen will?
Lässt du dich anschauen?

Ich hatte keine Antworten,
also lief ich weg von dir.
Genau dann ist es passiert:
Du fandest zu mir.

Fragst mich, woher ich komme.
Und du fragst, wohin ich geh.
Und ich denk mir: Wie könntest du mich finden,
Würdest du mich gar nicht sehen?

Die Fragen, Zweifel, Sorgen
eines jeden, der flieht,
münden dann in der Erkenntnis:
Wahrhaftig, du bist ein Gott, der mich sieht.

Wär ich mal nicht weggerannt,
sondern hin zu dir.
Fragen, Zweifel, Sorgen
sind gut aufgehoben hier.

Vielleicht bist du nicht weit weg,
vielleicht bist du ganz nah.
Du bist ein Gott, der mich sieht.
Es ist wahr.

LYRISCHE TEXTE

Tina Willms

Himmelspostkarte

Manchmal habe ich das Gefühl, eine Postkarte aus dem Himmel zu erhalten.
Zum Beispiel an diesem Abend am Meer:

Ich gehe mit nackten Füßen am Wasser entlang. In den Ohren das Rauschen und über dem Horizont ein roter Feuerball: die Sonne. Ihre Farben brechen sich in jeder Welle, die auf dem Strand ausläuft. Ich bleibe stehen und schaue zu, wie sie langsam im Meer versinkt.

Eigentlich ist es ja gar nicht so, überlege ich. Nicht die Sonne versinkt im Meer. Sondern die Erde dreht sich unter ihr weg. Im genau richtigen Abstand, sodass Leben entstehen konnte.

   Wie viele Planeten, wie viele Sterne gibt es, auf denen nur Staub und Steine sind. Die nichts sind als große Murmeln auf dem Weg durch das All.

Die Erde aber ist wie gemacht für das Leben. Mit Wasser, Sonnenlicht, Pflanzen und Tieren. Und uns. Alles ist da, was wir brauchen.

Ich kann mir nicht vorstellen, dass das ein Zufall ist.

Ich atme die salzige Luft ein und schaue zu, wie Himmel und Wolken sich färben. Noch malen die Wellen glitzernde Muster auf den Strand. Und am Spülsaum entdecke ich eine herzförmige Muschel.

Ein Wunder ist diese Erde, die sich unter der Sonne dreht. Mit allem, was auf ihr ist. Auch mit mir. Mir wird fast schwindelig, wenn ich darüber nachdenke.

Plötzlich fühle ich mich klein an diesem Abend am Meer. Und doch auf eine seltsame Weise geborgen.

Was ist der Mensch?, frage ich mich. Was ist der Mensch, dass du, Gott, an ihn denkst?

Unvorstellbar groß muss dieser Gott sein, der das All erschaffen hat. Und doch hält er die Welt behutsam in seinen Händen. Wunderbar, auf seiner Erde leben zu dürfen. Einer unter Milliarden Menschen. Und doch einzigartig.

Geliebt von diesem großen Gott. Er erinnert sich an uns. An jeden einzelnen und jede einzelne.

Und zuweilen, da schickt er uns einen Gruß aus seiner Ewigkeit.

Ich denke an dich, steht an diesem Abend auf meiner Himmelspostkarte. Danke, schreibe ich mit dem Fuß in den

Sand. Und hoffe, dass das unermüdliche Meer meine Antwort hinter den Horizont trägt.[16]

Wendung

Heute traf ich einen,
der meine Tränen sah.

Es waren die ungeweinten,
heruntergeschluckten,
die sich einbrennen,
die unter der Haut
zum Herzen dringen
und es bitter machen
bis auf den Grund.

Sie zwingen dich,
ständig zurückzuschauen,
und lassen dich verhärten
wie eine Säule aus Salz.

Heute traf ich einen:
er sah sie und fragte:
Mensch, warum weinst du?
Und seine Frage löste den Bann.

---

16   Aus: Tina Willms, *Momente, die dem Himmel gehören*. Gedanken, Gedichte
und Gebete für jeden Tag. Ein Jahresbegleiter. © 2021 Neukirchener Verlagsgesellschaft mbH, Neukirchen-Vluyn, 2. Auflage 2022. Textrechte bei der
Autorin.

Meine Haut wurde weich,
durchlässig gar,
und der Schmerz war,
wahrgenommen,
endlich bereit,
sich zu lösen.[17]

Sternenzelt

Als habe einer
Löcher gerissen
ins dunkle Todestuch der Zeit:

Durch die fällt leise nun
und leuchtend
ein Hoffnungsschimmer Ewigkeit.[18]

Wolkenbild

Federwolken
zeichnen am Himmel
schon seine Flügel.
Der Engel:
Er naht.[19]

---

17   Ebd.
18   Ebd.
19   Ebd.

DU BIST EIN GOTT, DER MICH SIEHT

Christian Hählke[20]

Jahreslosungslied 2023 "Du bist ein Gott, der mich sieht." *1. Mose 16,13* von Christian Hählke 11.8.2020

Refrain: Du bist ein Gott, der mich sieht. Du bist ein Gott, der mich an-schaut, da-rum hab' ich dich so lieb. Du bist ein Gott, der mich an-schaut.

1. Ab - ra - ham und Sa - ra leb - ten lang schon oh - ne eig - nes Kind.
2. So ge-schah es: Ha - gar wur - de schwan-ger und ihr Bauch ward dick.
3. "Tu mit Ha - ger was du willst. Ich geb dir jetzt die frei - e Wahl."
4. Got - tes En - gel sprach sie an: "Wo - her, wo-hin des Wegs gehst du?"
5. Nenn ihn Is - ma - el, denn Gott, der Herr, hat dein Ge - bet ge - hört.
6. Ha - ger ruft voll Freu - de aus: "Bin dem be - geg-net, der mich sieht."

1, Sa - ra war wohl un - frucht - bar. Sie hat - ten kein Kind.
2. Stolz, voll Hoch - mut blick - te sie auf Sa - ra her - ab.
3. Sa - ra schi - cka - nier - te Ha - ger, han - del - te hart.
4. "Ich bin auf der Flucht vor Sa - ra, mei - ner Her - rin."
5. Ja, er sah dein Lei - den un - ter Sa - ra ge - nau.
6. Nann - te ihn: "Du bist der Gott, mein Gott, der mich sieht"

1. "Ab - ra - ham, schlaf mit der Ha - ger, mei - ner Skla - vin! Mach ein Kind!
2. Sa - ra nun be - klag - te sich bei Ab - ra - ham: "Nur du bist schuld,
3. Ha - gar wuß - te kei - nen Rat, lief ein - fach in die Wüs - te fort.
4. "Geh zu - rück! Bleib ih - re Skla - vin! Tu ge - fäl - ligst was sie sagt!
5. Freu dich auf den Sohn! Er wird ja nie - mals recht ge - bän - digt sein.
6. Brun - nen des Le - ben - di - gen, der mich sieht, heißt der Brun - nen heut.

1. Nach den gel - ten - den Ge - set - zen wird es mein Kind."
2. dass ich so er - nied - rigt wer - de von die - ser Frau."
3. Dort am Brun - nen auf dem Weg nach Schur ruht sie aus.
4. Nach - kom - men, un - zähl - bar viel, schenkt Gott dir durchs Kind.
5. Kämp - fen wird er stets mit je - dem. Bie - tet die Stirn."
6. Ha - gar ging zu - rück und Is - ma - el kam zur Welt.

(zum gesegneten Gebrauch geschrieben, kopieren erlaubt - außer für kommerzielle Verwendung; Rechte beim Autoren - haehlke@web.de)

HERAUSGEBER, AUTORINNEN UND AUTOREN

Herausgeber

Martin Werth, Dr. theol., ist Dozent und Direktor der Evangelistenschule Johanneum, Wuppertal.

Martina Walter-Krick ist Diplom-Pädagogin und Dozentin an der Evangelistenschule Johanneum, Wuppertal.

Autorinnen und Autoren

Annette Bauscher ist Vorsitzende von Perlenschatz e. V. und der gleichnamigen Stiftung, Solms.

Johannes Beer ist Gemeindepfarrer, Pfarrer der Offenen Kirche und Kulturbeauftragter des Kirchenkreises, Herford.

Sem Dietterle ist Jugendpastor der Evangelischen Gemeinschaft München-Bogenhausen.

Siegfried Eckstein war Leiter des Seelsorgezentrums des Deutschen EC-Verbandes in Kassel, zuletzt leitete er das Bibel- und Begegnungszentrums in Woltersdorf, Vellmar.

Eckard Grimm arbeitete 20 Jahre lang als Suchttherapeut in einer Suchtklinik des Blauen Kreuzes in Radevormwald.

Christian Hählke ist Pfarrer und Liederdichter, Höchstenbach.

Birgit Hasenberg ist Gemeinschaftspastorin im Bochumer Haus Lobetal, Gevelsberg.

Annemarie Klemm ist Studierende am Johanneum, Wuppertal.

Katja Köhler ist Jugendreferentin, zurzeit in Familienphase, Adelshofen.

Corinna Kok ist Diakonin der Corneliuskirche für die Evangelische Jugend Süderelbe, Hamburg.

Katrin Lindner ist Bundessekretärin für Jungschar und andere Formen der Arbeit mit Kindern im CVJM Westbund, Essen.

Stephan Mansour ist Regionalreferent der Schüler-SMD in Württemberg, Ludwigsburg.

Gholamreza „Reza" Sadeghinejad berät Gemeinden der Evang.-Luth. Kirche in Bayern in Bezug auf persischsprachige interkulturelle Gemeindearbeit.

Vera Schraml ist Studierende am Johanneum, Wuppertal.

Dennis Weiß ist Religionspädagogischer Mitarbeiter in der Kirchengemeinde Uellendahl, Wuppertal.

Tina Willms ist Pfarrerin und Autorin, Hameln.

Henning Wrogemann, Prof. Dr., ist Inhaber des Lehrstuhls Religionswissenschaft und Interkulturelle Theologie an der Kirchlichen Hochschule Wuppertal und Leiter des Instituts für Interkulturelle Theologie und Interreligiöse Studien.